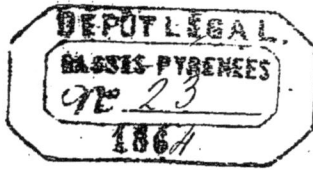

LES

TROIS ORDRES

DES ÉVÊCHÉS ET DU CLERMONTOIS

LES
TROIS ORDRES

DE LA PROVINCE

DES ÉVÈCHÉS ET DU CLERMONTOIS

NOBLESSE

ASSEMBLÉES POLITIQUES TENUES A METZ

1787 — 1788 — 1789

RECHERCHE DE 1674

ANCIENNE CHEVALERIE LORRAINE

METZ

ROUSSEAU-PALLEZ, RUE DES CLERCS, 14

1863

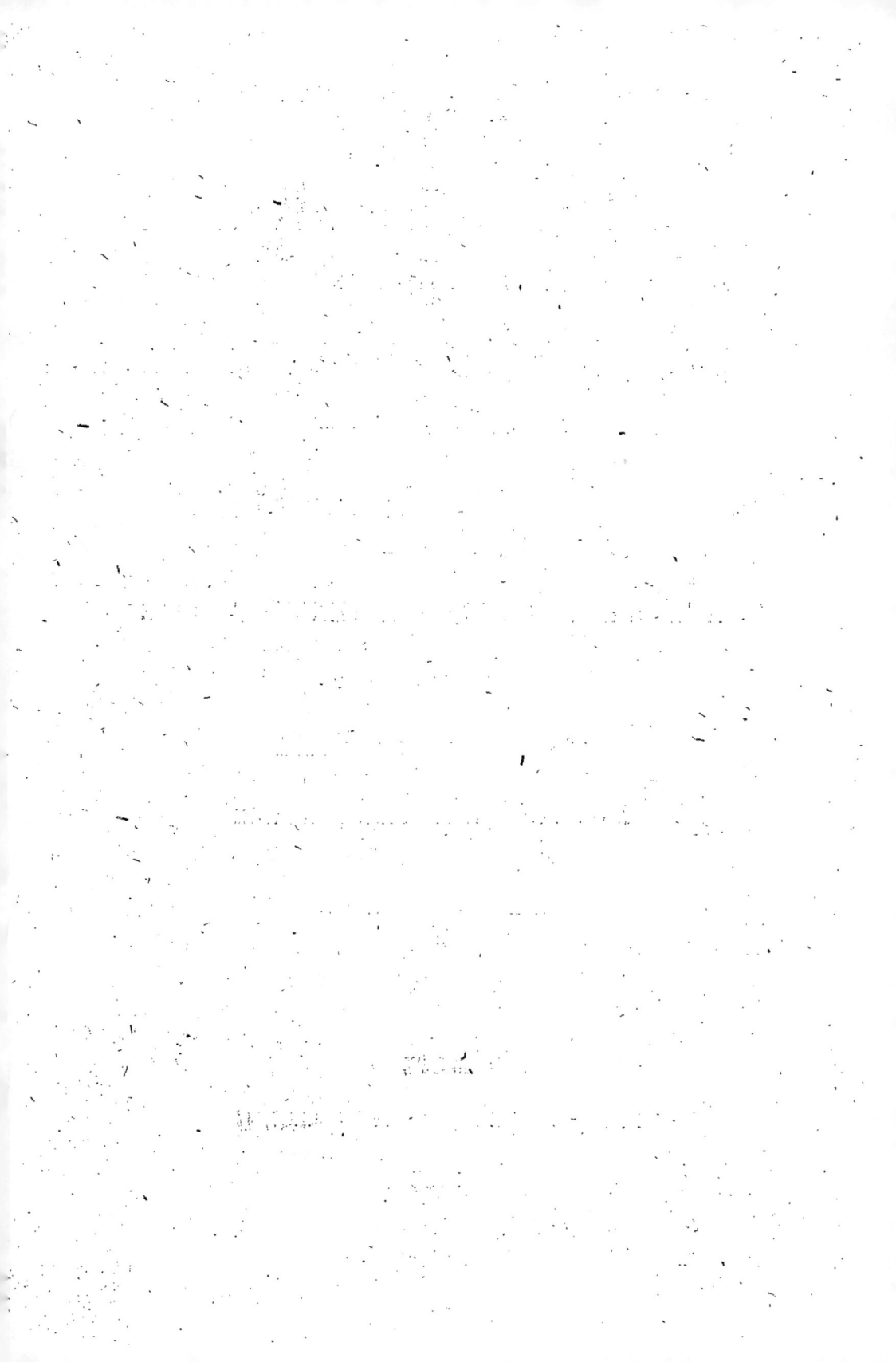

PRÉLIMINAIRE

J'avais résumé l'histoire des Assemblées politiques des Trois Evêchés et du Clermontois, qui devaient concourir avec celles des autres parties de la France, à la transformation de l'ancien régime en régime nouveau, à l'établissement de l'égalité civile et du gouvernement parlementaire. Cet aperçu devait être accompagné des listes des hommes qui ont assisté à ces Assemblées, et dont plusieurs ont pris une part active, dans des sens fort différents, au mouvement qu'elles préparèrent.

Une main plus habile s'est occupée du même travail pour toute la France et spécialement des Assemblées Provinciales (1). « Qu'on lise, » dit M. Guizot, l'excellent travail de M. Léonce de Lavergne sur les » Assemblées Provinciales instituées par Louis XVI de 1778 à 1787, » dans les vingt-six provinces appelées pays d'élection. Avec autant » de sagacité libérale que d'impartialité historique, il a retracé, je » pourrais dire ressuscité, ces Assemblées, aujourd'hui si oubliées, » *leurs membres* et leurs actes, les résultats accomplis et les projets an- » noncés, les idées générales et les mesures locales. On assiste là, non » seulement à un grand travail de réforme administrative, mais à l'em- » pire efficace de la justice sociale et de la liberté politique, le respect » de l'homme, l'élection, la discussion, la publicité, la responsabilité » du pouvoir. Et ce n'est pas le Tiers Etat seul qui proclame ces prin- » cipes et réclame leurs conséquences : la Noblesse et le Clergé, les » grands seigneurs et les gentilshommes de province les acceptent et » les appliquent comme les bourgeois. »

« Il est plus que temps, écrivait déjà M. de Lavergne dans la con- » clusion de son *Economie rurale*, de rendre à la lumière cette *milice de* » *grands citoyens* qui, pratiquaient avant 1789 les idées de 1789.... » Cette *foule d'hommes éclairés* des Trois Ordres qui peuplaient les so- » ciétés d'agriculture et les Assemblées Provinciales, qui rédigèrent les » cahiers de 1789, un des plus beaux monuments élevés par aucun » peuple à l'honneur de l'humanité.... Dans la Noblesse, le parti des ré- » formes pouvait être en minorité, mais il comprenait les hommes les » plus considérables par leur naissance.... Rien ne montre mieux le » degré de civilisation où la nation était parvenue en 1789, que *la mul-*

(1) Les Assemblées provinciales sous Louis XVI, par M. Léonce de Lavergne. Paris, *Revue des Deux-Mondes*, 1861-1862-1863 et Michel Lévy, 1 vol. in-8°, 1864.

» *titude des hommes éminents* qui apparaissent à la fois dans tous les Or-
» dres et dans toutes les provinces. »

Plus d'un siècle et demi de régime absolu rempli de guerres, de vic-
toires et de défaites, de conquêtes et de gloire, avaient passé entre les
derniers comices de la nation réunis par Richelieu et les premières Assemblées Provinciales essayées par Louis XVI. Les résultats favorables
de celles-ci avaient été constatés par les Notables du royaume appelés
à Versailles pour délibérer sur les mesures réclamées par les difficul-
tés nouvelles que la paix, l'épuisement du trésor, les passions et les
convoitises déchaînées contre les abus et les priviléges, faisaient surgir
chaque jour. Les Notables n'avaient rien trouvé de plus efficace que
l'extension des Assemblées Provinciales du Berry à toutes les provinces
dépourvues d'Etats particuliers. Mais à peine furent-elles réunies
(1787) et eurent-elles donné des gages certains d'un avenir meilleur,
ce que démontrent M. de Lavergne et les nombreux procès-verbaux de
leurs séances, qu'on les abandonna, pour leur substituer l'Assemblée
unique des Etats-Généraux à Versailles (1789).

Cette résolution émut les provinces. Elles craignirent d'être de nouveau absorbées par la capitale et demandèrent préalablement à con-
vertir en Etats régulièrement constitués par l'élection, leurs assemblées
dues principalement à l'initiative du gouvernement.

Les Trois Evêchés et le Clermontois ne restèrent pas en arrière, et
réclamèrent des Etats-Généraux d'Austrasie. Une assemblée générale
composée de membres des Trois Ordres de toute la province, se tint à
cet effet à Metz, le 15 janvier 1789, sous le titre d'*Assemblée patriotique*.
Elle reçut les adhésions non seulement des personnes les plus considérables, mais de 4 à 500 municipalités ou paroisses des campagnes et
des corporations des villes. Le bureau de l'Hôtel-de-Ville, présidé par
M. Maujean et soutenu par le maréchal de Broglie, revendiqua l'honneur de cette démarche, et entama une lutte acerbe contre l'assemblée patriotique, dirigée par MM. Emmery et Rœderer, sous le patro-
nage de M. le marquis de Chérisey. Les intérêts de la patrie et les in-
tentions bienveillantes du Roi furent chaudement défendus de part et
d'autre.

Paris demeura sourd aux cris de détresse et repoussa les protesta-
tions de dévouement qui lui venaient de toute part. Les élections aux
Etats-Généraux furent ordonnées dans toute la France par bailliages et
par voie de réduction.

L'Ordre de la Noblesse du bailliage de Metz, cependant, ne se tint pas pour battu. Il nomma directement son député M. de Poutet, maître échevin démissionnaire, et fit défaut à l'assemblée générale de réduction. Le Tiers alla plus loin: après avoir procédé régulièrement à l'élection de ses quatre députés, il nomma directement M. Maujean, maître échevin en exercice. L'Assemblé Nationale ne ratifia point ces deux mandats conférés en dehors des règlements , et , chose incroyable, les Messins célébrèrent par un *Te Deum*, chanté aux Récolets, l'échec de leur magistrat populaire , tradition séculaire des libertés de l'ancienne et souveraine République.

C'est à l'issue de la cérémonie religieuse, qu'un *Comité patriotique*, première innovation révolutionnaire , se forma sous la présidence de M. Rœderer et s'arrogea les pouvoirs qu'exerçait l'Hôtel-de-Ville. Plus tard, lorsque le maître échevin et ses conseillers eurent donné leur démission, il se transforma, avec l'agrément du roi, en *Comité municipal* de 80 membres choisis dans les Trois Ordres (24 et 25 septembre 1789).

La réformation si ardemment souhaitée était accomplie. « Les pre- » miers essais du régime parlementaire avaient montré déjà ses avan- » tages et ses dangers. » Il ne restait plus qu'à réglementer les institutions nouvelles dont les bases étaient posées, généralement acceptées, et d'où auraient découlé toutes les conséquences que l'on crut devoir obtenir par la violence et l'intimidation qui ont caractérisé la révolution. Car, bien que l'on donne généralement ce dernier nom à l'ensemble des événements d'où sont sorties, après avoir passé aux creusets du Consulat, de l'Empire, de la Restauration, de la Monarchie de 1830 et de l'Empire actuel, les institutions modernes de la France, en tête desquelles se place le *Code civil*, il faut se garder de confondre la révolution ou réformation opérée de 1787 à 1790, et la révolution proprement dite, dans sa mauvaise acception, qui commença en 1790 et conduisit à la terreur.

Or, c'est de cette dernière, assemblage de choses bonnes et mauvaises, de vices et de vertus, et finalement de crimes et de forfaits, que les historiens de l'école moderne font partir l'ère nouvelle. Ils ne tiennent compte ni des actes posés jusque là, ni des hommes qui les ont produits et préparé ainsi le mouvement salutaire que les *ardents* ont fait dévier, que les *honnêtes* ont dû déserter et dont les *habiles* ont largement profité.

C'est ce que nous avions développé pour la Province, et pour Metz, son chef lieu, spécialement.

Sans renoncer à notre projet, nous en offrons seulement ici le deuxiè-

me partie ou les noms de cette milice de grands citoyens, de cette foule
d'hommes éclairés, de cette multitude d'hommes éminents, de l'élite de
la population départementale, dont parlent MM. Guizot, Léonce de
Lavergne et de Ladoucette. Les rôles n'en ont pas été dressés par fan-
taisie ou par caprice pour consacrer uniquement les anciennes divisions
de la nation en Ordres, Clergé, Noblesse et Tiers, mais sur les procès-
verbaux et les documents historiques suivant l'organisation sociale et
politique du pays.

Pour rester dans le vrai, nous devrions commencer par le Clergé.
Mais si l'Evêque de Metz est représenté par les deux derniers Montmo-
rency, combien en est-il des autres, dont les parents fourniraient les
renseignements nécessaires pour établir une continuation de services
rendus au pays?

C'est ce que nous attendons des représentants de tous ces noms de
la Noblesse et du Tiers inscrits sur les procès-verbaux ou actes de décès
de l'ancien ordre politique de la France. Ils doivent compte à la société,
les uns des traditions qu'ils ont reçues de leurs aïeux, les autres de la
position qu'ils ont acquise, pour soutenir loyalement les institutions
issues des Assemblées de 1787 et de 1789, auxquelles assistaient leurs
pères.

Les Ordres ont existé partout et de tout temps ; et si l'on jette un regard impartial et tranquille sur les grandes Assemblées d'Orléans, de
Tours, de Blois et de Paris, on verra que ce sont les emportements des
Marcel, des Cabochiens et de leurs émules qui ont toujours fait échouer
les tentatives de réformes utiles tentées par le Tiers, et engagé les gou-
vernements à se passer du contrôle des États.

Les idées de Vauban, des politiques et des économistes du XVIIIᵉ siècle, qui tendaient à l'abolition des Ordres et à l'égalité civile, ont été
suspendues par les excès de ceux qui soutenaient ces idées dans le
Contrat social et dans les *Déclarations des droits de l'homme qu'il fallait
ramener à l'état de nature.*

Aussi, les Assemblées Provinciales furent-elles composées des Trois
Ordres et, malgré le marquis de Condorcet qui réclamait plus vivement
que jamais leur fusion, l'égalité politique et l'élection à tous les degrés,
les États-Généraux furent encore constitués sur cette base, que sem-
blait déterminer, d'ailleurs, la possession du sol.

Mais les Trois Ordres avaient fait leur temps ; ils n'avaient plus d'autre base que « les vanités gothiques dont le progrès des mœurs a fait
justice. »

La province des Trois Evêchés et du Clermontois, comprenait le département actuel de la Moselle, plus, le territoire perdu de la Sarre, une partie de la Meurthe, de la Meuse et des Ardennes. Elle s'était formée de plusieurs petits pays et villes, ayant eu longtemps une existence indépendante ou relevant de souverains étrangers.

Metz, Toul et Verdun, villes libres jusqu'en 1552, relevaient de l'Empire. Elles n'avaient été définitivement réunies à la France qu'en 1648.

Vic était le siège du domaine temporel de l'évêque de Metz.

Thionville, Marville, Chauvency, Montmédy, Damvillers et Carignan, faisaient partie des Pays-Bas espagnol, et ne furent réunis qu'en 1659.

Sedan appartenait aux ducs de Bouillon.

Clermont avait été cédé au roi depuis peu de temps.

Sarrebourg, Phalsbourg, Sarrelouis, Sierck et Longwy, furent cédés par la Lorraine, de 1661 à 1718.

Mouzon, venait par échange de l'archevêché de Reims.

La province des Trois Evêchés n'avait donc pas une homogénéité fort ancienne. Un intendant général l'administrait. Elle n'avait pas eu d'États avant l'Assemblée Provinciale de 1787. On la divisait en bailliages ou districts, de Metz, Toul, Verdun, Vic, Thionville, Sedan et Clermont. Chacun de ces districts eut aussi son assemblée particulière.

Lorsque l'on résolut de réunir les États-Généraux du royaume, oubliés depuis l'an 1614, la province des Trois Evêchés fut partagée en quatre circonscriptions bailliagères, différentes des précédentes. Chacune de ces circonscriptions devait avoir sa députation plus ou moins nombreuse. C'étaient :

1° Metz, Thionville, Longwy et Sarrelouis, 8 députés.

2° Toul et Vic, 4 députés.

3° Verdun et Clermont, 4 députés.

4° Sedan, Mouzon et Carignan, 4 députés.

Plusieurs catalogues de gentilshommes, ou pour mieux dire d'individus classés dans l'ordre de la noblesse et qui ont pris part aux assemblées tenues en 1789 dans diverses provinces, pour la nomination des députés aux États-Généraux de Versailles, ont été récemment publiés, dans le but de constater la situation nobiliaire antérieure à la révolution, de ceux qui s'y trouvent mentionnés. Ces publications sont faites en vue des lois sur les noms et sur les distinctions honorifiques (*).

En donnant les Trois Ordres de la province des Evêchés et du Clermontois, nous cherchons autre chose encore. Nous voulons appeler des études biographiques sur chacun des hommes de cette province dont la participation au mouvement de 1787 et 1789, est officiellement constatée. On pourra y joindre ceux que l'âge, la maladie ou l'absence, ont empêché d'assister aux assemblées publiques de cette époque (**).

La première liste comprend la Noblesse de toute la province appelée: 1°, à l'assemblée provinciale; 2°, aux assemblées de district; 3°, à l'assemblée générale du 15 janvier 1789; 4', aux adhésions données à cette assemblée et 5°, à l'assemblée du bailliage. Elle comprend naturellement la Noblesse du pays messin inscrite aux Trois Ordres de la ville de Metz et qui fit partie des Comités patriotique et municipal (6°, 7°, 8°) (***).

(*) 1. Dauphiné. — 2. Lyonnais, Forez et Beaujolais. — 3. Provence et Principauté d'Orange. — 4. Armagnac et Quercy. — 5. Haut-Languedoc. — 6. Bourgogne, Bresse et Bugey. — 7. Champagne et Lorraine. Louis de Laroque et Édouard de Barthélemy. Paris, Dentu, in-8°, brochures. 1860, SS.
La noblesse de Saintonge et d'Aunis, convoquée pour les États-Généraux de 1789. — Paris, Dumoulin, in-8°, 347 pages. 1861.
La noblesse de Bourgogne ou armorial des gentilshommes qui ont assisté aux États-Généraux de cette province. — Dijon, sous presse.
(**) Baron de Tschudy, Marquis de Lambertye· de Cons la Grandville, Comte d'Hoffelize, Comte d'Ourches, Comte du Coetlosquet, Marquis de Pange....
(***) Cette liste a été formée à l'aide des documents suivants :
1° et 2° Pour l'assemblée provinciale et les assemblées de district :
« Registre pour servir à l'enregistrement des délibérations et autres actes de l'assemblée provinciale des Trois Evêchés et du Clermontois ». Original des archives de la Moselle ; fond C, administration provinciale. Ce registre, de 198 feuillets, est clos par les signatures de tous les députés suivant leur ordre et leur nomination. — « Procès-verbal des séances de l'administration provinciale des Trois Evêchés et du Clermontois, tenues à Metz au mois d'août 1787 ». In-4°, 16 pages. Vᵉ Antoine et fils. — « Procès-verbal des séances de l'assemblée provinciale...... aux mois de novembre et décembre 1787 ». In 4°, 505 pages avec tableau et table. Metz, Vᵉ Antoine et fils, 1787. — «Affiches des Trois Evêchés et de Lorraine»,

La seconde liste ne comprend que la Noblesse du bailliage de Metz, assemblée en 1789. La Noblesse des bailliages de Thionville, Longwy, Sarrelouis, Toul, Vic, Verdun, Clermont, Sedan, Mohon, Mouzon et Carignan, n'y figure pas. Les archives de l'Empire ne possèdent pas les procès-verbaux de ses assemblées; ses noms principaux se rencontrent sur la première liste générale de toute la province.

Si nous donnons la Recherche de 1674 dans la généralité de Metz, et si nous y ajoutons la liste de l'Ancienne Chevalerie Lorraine, dressée par Callot vers 1615, publiée par Ménestrier en 1681, augmentée par Calmet en 1757, par Bermann en 1763 et rendue par Henriquez en 1775, c'est pour faire voir combien de noms anciens avaient déjà disparu de l'horizon politique en 1787 et 1789, et cédé leurs places à d'autres noms moins connus qui avaient pris rang dans le clergé et la noblesse.

La liste du Tiers montrera, en effet, que bon nombre des membres de cet ordre étaient mêlés aux affaires avec le clergé et la noblesse avant 1789 et notamment dans les Assemblées Provinciales instituées par Louis XVI, pour régénérer le pays.

année 1787, p. 274, 275, 282, 306. — « Almanach des Trois Evêchés », années 1788, p. 114; 1789, p. 107, et 1790, p. 107. — Assemblées de district.
3° et 4° Pour l'assemblée du 15 janvier 1789 et les adhésions à cette assemblée : «Procès verbal de la séance, devenu excessivement rare ». Metz, Vᵉ Antoine et fils. — Adhésions à ce procès-verbal et pièces diverses imprimées et manuscrites; trois volumes in-folio. — Recueils divers provenant de la bibliothèque du Comte Emmery, sénateur et pair de France.
5°Pour les Trois ordres de la ville de Metz et du pays Messin :
« Procès-verbal de la séance du 21 janvier 1789 ». Très rare. — Almanachs.— Affiches.
6° Pour l'assemblée du bailliage de Metz. — Voyez plus loin.
7° Pour le comité patriotique :
« Liste authentique provenant du cabinet du Comte Emmery ». — Affiches des Trois Evêchés et de Lorraine, 1789, p. 250.
8° Pour le comité municipal :
« Liste authentique du cabinet Emmery, également ». — Affiches des Trois Evêchés et de Lorraine. — Almanach des Trois Evêchés, année 1790, p. 121.
Voyez aussi : « Biographies de la Moselle, par Bégin, et du Parlement de Metz, par Michel. »

NOBLESSE

DES TROIS ÉVÊCHÉS ET DU CLERMONTOIS

LISTE DES MEMBRES DE L'ORDRE DE LA NOBLESSE

DE LA PROVINCE DES TROIS ÉVÊCHÉS ET DU CLERMONTOIS

qui ont assisté aux Assemblées politiques de 1787, 1788 et 1789, à Metz (*)

Achy, v. Vaulx.

le Comte d'Alençon, seigneur de Braux, Naives en Blois, Vroncourt....
  Président de l'assemblée du district de Toul.

le Comte d'Allegrin. Bailliage.

Almont, v. Pérrin.

d'Alnoncourt de Ville (Jean-Baptiste-François-Joseph Georges), écuyer,
  conseiller au parlement. Bailliage.

le Comte d'Ambly (Charles-Louis), seigneur d'Ambly et de Génicourt,
  mestre de camp de dragons, chevalier de St-Louis, député élu à
  l'assemblée provinciale.

Amelin, v. Beaurepaire.

(*) Ces assemblées étaient : 1° et 2° L'assemblée provinciale instituée en 1787 et les
assemblées de district. La première était composée de 16 députés, nommés par le
roi, dont 4 du clergé, 4 de la noblesse et 8 du tiers. Ces premiers députés en éli-

Ancillon, fils. Bailliage. D'une ancienne famille de Metz, existant encore en France et en Prusse.

Antilly, v. Goussaud.

Arraincourt, v. Regnier.

Arcy, v. Bry.

le Comte d'Arros (Charles), lieutenant-colonel de cavalerie, né le 15 août 1730, syndic de la noblesse à l'assemblée du 15 janvier 1789 et de l'assemblée du bailliage. Joseph-Philippe-Charles Comte d'Arros, son fils, mort en 185.. avait été député et préfet de la Meuse. Originaire du Béarn.

d'Aspremont, seigneur de Cirey. District de Vic. (On lit aussi de Prémont).

d'Astier, ancien colonel. Comités patriotique et municipal.

Aubigny, v. le Duchat.

Aulnois, v. Georges.

Aunoux, v. Durand.

le Vicomte d'Auger. 15 janvier et bailliage.

du Balay, fils. Lisez Dubalay. Bailliage.

Barandiery, Comte d'Essville. Bailliage.

Barandiery Dessville. Bailliage.

de Barat de Boncourt. 15 janvier et bailliage. Ancienne chevalerie.

de Beaumont de Vernancourt. District de Toul.

le Vicomte de Beaurepaire (Amelin de Rochemorin), seigneur de Dain, Silly.... Lieutenant-colonel de dragons, chevalier de Saint-Louis, membre des trois ordres de la ville de Metz et pays messin, de l'assemblée du district de Metz, et de celle du 15 janvier. Il existe encore de nombreux représentants de cette famille.

saient 16 autres dans la même proportion, et la moitié des membres des assemblées de district qui se complétaient de la même manière. On les désignera par : *Provinciale* et *district de*.

3° et 4° L'assemblée générale du 15 janvier 1789, qui avait pour but d'obtenir du roi la transformation de l'assemblée provinciale en États-Généraux d'Austrasie, et les adhésions à cette assemblée. On les désignera par : *15 janvier et adhésion*.

5° Les Trois ordres de Metz et du pays messin, corps administratif et politique fort anciennement constitué et désigné par : *Trois ordres*.

6° L'assemblée des Trois ordres du bailliage de Metz réunie pour la nomination des députés aux États-Généraux. Elle est désignée par : *Bailliage*. La liste particulière en sera donnée plus loin.

7° Le comité patriotique, formé en août 1789, à la suite du retour du maître échevin.

8° Le comité municipal, constitué par élection les 24 et 25 septembre 1789, et remplaçant l'ancien bureau de l'hôtel-de-ville de Metz.

le Vicomte de Beaurepaire, fils. 15 janvier et bailliage.

de Beausire (Marie-Claude-Sébastien), conseiller au parlement. Bailliage, comités patriotique et municipal. Famille existant à Metz.

de Belchamps. Bailliage. Aïeul de M. de Belchamps d'Aubigny.

Belgarde, v. la Chapelle.

Bermont de Pondeillas, ancien chef de brigade au corps royal d'artillerie. District de Verdun.

Besser de Charly. Trois ordres, bailliage et comité municipal. M. Besser, commandant d'artillerie en retraite, habite Metz.

le Baron de Blair, seigneur de la Beuverie. District et bailliage de Metz.

le Chevalier de Blair. Bailliage. Plusieurs membres de cette famille existent en France.

Saint-Blaise. Bailliage.

Saint-Blaise de Crespy. 15 janvier et bailliage. Mme de Beauvoir et Mme de Saint-Blaise, sont de cette famille.

le Baron de Bock (Jean-Nicolas-Etienne), lieutenant des maréchaux de France, membre des trois ordres, de l'assemblée du 15 janvier et du bailliage, des comités patriotique et municipal. Le baron de Bock était fort connu par ses travaux littéraires et philosophiques. Son fils, Just Baron de Bock, est mort récemment. Famille originaire d'Allemagne.

Boncourt, v. Barat.

Boudet de Puymaigre (François-Gabriel), chevalier, seigneur de Puymaigre, mestre de camp. 15 janvier et bailliage. Son fils, Jean-François-Alexandre Boudet, Comte de Puymaigre, préfet du Haut-Rhin et de Saône-et-Loire, mourut il y a quelques années. Le comte Théodore de Puymaigre, habite Metz.

de Boulenne. Bailliage.

le Bourgeois du Cherray. Trois ordres et 15 janvier.

le Bourgeois du Cherray, fils. Trois ordres et 15 janvier.

Bourguinière, v. Eschalard.

Bournac (François-Céleste), l'aîné. Trois ordres et bailliage.

Bournac de Fercourt (Louis-Auguste). Trois ordres et bailliage.

de Bousmard, capitaine au corps royal du génie. District de Verdun.

de Boutteville, seigneur de Tumières et Malancourt. District de Clermont.

le Comte de Brancion, seigneur de Roialmey. Adhésion.

de Brazy. Bailliage.

des Broches. Bailliage.

Bronelle, v. Maret.

Broville, v. Roederer.

Bry d'Arcy. Bailliage.

le Chevalier de Busselot. 15 janvier et bailliage.

Cabannes. 15 janvier et bailliage.

Cabouilly (Charles-Antoine de), conseiller au parlement. Bailliage.

Candale, v. Foix.

le Chevalier de Capriol, lieutenant–colonel d'artillerie, chevalier de St-Louis. Adhésion.

La Chapelle de Bellegarde. Bailliage.

Charly, v. Besser.

Chavreau, v. Vaudouleur.

de Chazelles (Laurent), président à mortier au parlement de Metz. Bailliage et comité municipal. Créateur des magnifiques jardins de Lorry, le président de Chazelles a laissé de très honorables souvenirs à Metz, et sa famille y est encore dignement représentée.

Chazelles, du régiment de Vintimille. 15 janvier et bailliage.

Chazelles (Antoine-François de), du régiment d'Orléans. Bailliage.

Chazelles (Joseph-Dieudonné de), du corps des mineurs, chevalier de St-Louis. Bailliage.

le Chevalier de Chenicourt. Bailliage.

le Marquis de Chérisey (Louis-Jean-François), chevalier, seigneur de Chérisey, lieutenant-général des armées du roi, ancien lieutenant des gardes du corps, gouverneur du fort St–Jean à Marseille; commandeur de l'ordre royal et militaire de St-Louis, premier député nommé par le roi à l'assemblée provinciale. Président de la commission intermédiaire en 1788, de l'assemblée générale du 15 janvier pour l'organisation des États-Généraux d'Austrasie et de l'assemblée de l'ordre de la noblesse du bailliage de Metz pour la rédaction du cahier des doléances et la nomination des députés aux États-Généraux de Versailles. Membre du comité municipal, président du bureau militaire, colonel-général de la garde nationale en 1789, démissionnaire en janvier 1790. — Charles-Paul-Émile Comte de Chérisey Nouroy, chevalier, seigneur de La Touche, chef d'escadre des armées navales (contre-amiral), chevalier de St-Louis; son frère, était commissaire-rédacteur des doléances de la noblesse de la province d'Aunis et Saintonge. La maison de Chérisey, d'ancienne chevalerie de Lorraine, compte plusieurs représentants.

Cherray, v. Le Bourgeois.

Chièvres, lieutenant-colonel. 15 janvier.

Clinchamps. 15 janvier. Cette famille existe encore à Metz.

de Comeau. Bailliage.

de Compagnot. Trois ordres. Bailliage.

Corvisart de Fleury. Trois ordres, 15 janvier et bailliage.

le Baron de Cosne. 15 janvier et bailliage.

le Baron de Couet. 15 janvier et bailliage. Famille représentée par MM. les Barons de Couet, de Lorry et de Haye.

de Courten (P.), brigadier des armées du roi, ancien colonel, commandant le régiment de son nom. 15 janvier.

le Comte Louis de Courten. 15 janvier et bailliage.

le Vicomte de Courten. Bailliage.

le Chevalier de Courten, officier au régiment des gardes Suisses. 15 janvier. La famille de Courten, originaire de Suisse, est représentée par MM. de Courten, de Bazoncourt et par Mme de Jobal.

de Crespin. 15 janvier et bailliage.

Crespin de la Woivre. Trois ordres, 15 janvier et bailliage.

Crespy, v. Saint-Blaise.

Sainte-Croix, v. Pagel.

le Chevalier de Culture, commandant pour le roi à Marsal. District de Vic.

le Chevalier de Curel. 15 janvier. M. le Baron de Curel habite Metz.

le Comte de Custine de Niderviller (Adam-Philippe), né à Metz en 1740, maréchal de camp et gouverneur de Toulon. Adhéra à l'assemblée du 15 janvier, fut nommé député aux États-Généraux, commanda l'armée du Rhin en 1792, puis celle du Nord et périt sur l'échafaud le 28 août 1793. Orginaire du comté de Namur et de l'ancienne chevalerie de Lorraine.

le Marquis de Dampont, seigneur de Puttelange, lieutenant des maréchaux de France. District de Thionville.

le Baron Dattel de Luttange, ancien capitaine d'infanterie. District de Thionville et 15 janvier.

Dedon de la Ronde, doyen des conseillers, député du bailliage aux trois ordres, pour le tiers. 15 janvier.

Dessville, v. Barandiery.

de Domgermain (François-Charles Fleutot), maréchal de camp, chevalier de St-Louis. 15 janvier et bailliage.

Dosquet, seigneur de Tichémont. Trois ordres et bailliage. Dé l'assemblée du district de Metz pour l'ordre du tiers.

Dubalay.

le Duchat d'Aubigny. Bailliage.

le Duchat de Flin, ou le chevalier de Flin. Trois ordres.

le Duchat de Mancourt. Bailliage. Cette famille existe encore.

le Duchat d'Ouderne. Trois ordres et 15 janvier.

le Duchat, Comte de Rurange. 15 janvier et bailliage. Mme la Comtesse d'Hoffelize représente cette branche de la famille le Duchat.

le Duchat de Rurange. Bailliage.

Dumoulin. Bailliage.

Dupré de Geneste (Henri-Marie), écuyer, secrétaire perpétuel de la société royale des sciences et arts. Adhésion.

Durand d'Aunoux (Charles), écuyer, seigneur d'Aunoux, conseiller au parlement, syndic du clergé et de la noblesse du district de Metz, remplacé par M. Geoffroy. 15 janvier. Son fils est mort à Metz lieutenant-colonel en retraite.

Durand (François-Benoit-Charles-Pantaléon), page de Monsieur frère du Roi, et officier de dragons, avocat-général au parlement. 15 janvier. Maire de Metz l'an IX, député en 1823 et 1827, officier de la Légion-d'Honneur. Sa famille compte de nombreux représentants.

Durand de Sorbey (François-Benoit). 15 janvier. Il était frère de Jean-François Durand de Villers.

d'Ecosse. Bailliage. Le Comte d'Ecosse de Mercy-le-Haut, près Metz, était sans doute son fils.

d'Ernecourt, Baron de Montreuil. 15 janvier. La maison d'Ernecourt est éteinte.

Eschalard de Bourguinière. 15 janvier et bailliage.

Essville, v. Barandiery.

Evrard. Bailliage.

Evrard de Longeville. Bailliage.

le Chevalier de Fabert, ancien capitaine d'infanterie. 15 janvier et bailliage, du comité municipal et commandant en second de la garde nationale en remplacement du Comte de Fouquet.

de Fabert. Bailliage. La famille du M^al de Fabert est représentée aujourd'hui par Mme la Marquise de Marguerye.

le Baron du Faing, maire de Longwy. Adhésion.

le Chevalier de Faultrier (Jean-Claude-Joachim), écuyer, seigneur de Bagneux et Chieulle, brigadier d'infanterie, commandant en chef le corps d'artillerie dans la place de Metz, chevalier de St-Louis. District de Metz et bailliage.

Faultrier. Bailliage.

Faultrier. Bailliage. Cette famille est encore nombreuse et dignement représentée dans l'armée et la magistrature.

Fercourt, v. Bournac.

Ferrand (Jean-Nicolas), écuyer, seigneur de Peltre, chevalier de St-Louis, prévôt-général à Metz. 15 janvier et bailliage.

Fleury, v. Corvisart.

Fleutot, v. Domgermain.

Flin, v. le Duchat.

le Chevalier de Foissac, capitaine au corps royal du génie, chargé des fortifications de la place de Phalsbourg. 15 janvier.

de Foissey (Joseph-Ignace), avocat-général au parlement. Comités patriotique et municipal.

le Chevalier de Foix de Candale, seigneur de Secourt, chevalier de St-Louis. 15 janvier.

le Comte de Foucquet, capitaine au régiment des chasseurs du Hainaut. 15 janvier, comités patriotique et municipal. Commandant en second de la garde citoyenne, il fut remplacé par le Chevalier de Fabert. Le Comte de Foucquet était près parent du maréchal de Belle-Isle.

Franchessin. Bailliage. Des cinq fils de M. de Franchessin, actuellement à Metz, quatre sont dans l'armée.

Fresnoy, v. Pottier.

Frey de Neuville. Bailliage.

Fringan, ancien major d'infanterie, Chevalier de St-Louis. Adhésion.

le Chevalier de Galland, seigneur de Pouru-au-bois, chevalier de St-Louis. District de Sedan.

Gallois, v. Gournay.

Gargan, seigneur d'Inglange. Adhésion. Ce nom est aujourd'hui représenté par MM. Théodore et Charles Barons de Gargan.

Gauthier de Lamothe. Bailliage.

Gauthier de Vigny, chevalier de St-Louis. District de Toul.

Geneste, v. Dupré.

Geoffroy, écuyer, conseiller au parlement. District et bailliage de Metz.

Georges, v. Alnoncourt.

Georges des Aulnois. Bailliage.

Georgin, v. Mardigny.

Gérard d'Hannoncelles (Jean-Baptiste-Gilbert). Bailliage. C'était le père de M. le Baron d'Hannoncelles, premier président à la cour royale de Metz, officier de la légion d'honneur et auteur de Metz ancien, mort en 1838, à l'âge de 80 ans.

le Comte de Gévigny, seigneur de Kanfen, ancien capitaine de dragons. District de Thionville. Famille originaire de Franche-Comté où elle existe encore.

Girouzière, v. Mulet.

Glatigny, v. Marion.

Gorcy, v. Maillard.

Goullet de Saint-Paul. Bailliage. Des Goullet de Montlibert et de Rugy, dont MM. de Rugy et Mme de Corny sont les représentants.

le Goullon d'Hauconcourt. Bailliage.

le Goullon, ancien lieutenant-colonel à Mangienne. District de Ver-dun.

le Goullon. 15 janvier. Il y a encore des membres de cette famille à Metz.

de Gournay, ancien trésorier à Vic. District de Vic.

Gournay du Gallois (Jacques-Hubert de), colonel d'infanterie. Bailliage. Quelques personnes pensent que la maison de Gournay ne s'est pas éteinte dans l'abbé de Gournay qui fit relever son nom et ses armes par Emmanuel Duc, mort en 1713.

Goussaud d'Antilly, officier de dragons. Bailliage et comité municipal. Commandant en premier de la milice citoyenne et de la garde nationale.

Goussaud de Montigny. Bailliage.

Goyon des Rochettes ou Lochettes (Joseph-Pelage de), écuyer, seigneur des Lochettes. Bailliage.

Guerrier (François), conseiller au parlement. Trois ordres, bailliage, comités patriotique et municipal.

le Baron de Guillemin, capitaine d'infanterie, chevalier de St-Louis. 15 janvier, bailliage, comités patriotique et municipal.

Gyrault, v. la Roche.

le Baron Halles. Adhésion.

de Hallet, colonel réformé d'infanterie. Adhésion.

Hamelin de Rochemmorin, v. Beaurepaire.

Hamonville, v. Tardif.

le Comte d'Hangest de Neufmany, major de Bourbon, dragons. District de Sedan.

Hannoncelles, v. Gérard.

Hauconcourt, v. le Goullon.

de Haussay. 15 janvier et bailliage.

Houchard, capitaine de dragons. Adhésion.

le Comte d'Hunolstein (Philippe-Antoine), maréchal de camp. Adhésion. Il était fils de Philippe-Charles Comte d'Hunolstein, baron de Fontoy, seigneur de Zug, Chateauvoué, Idersdorf, Volmerange, capitaine de cavalerie dans Royal Allemand, chambellan du roi de Pologne. Philippe-Charles-Félix Comte d'Hunolstein, son fils, fut pair de France. Le Comte Paul d'Hunolstein, son petit-fils, fut longtemps député. Originaire d'Allemagne et de l'ancienne chevalerie de Lorraine.

Huyn de Vernéville (Paul), seigneur de Vernéville, officier au régiment de Conti, dragons. 15 janvier. Louis Huyn de Vernéville, son fils, officier de cavalerie, colonel de la garde nationale de Metz, membre du conseil général, mourut en 1823, laissant plusieurs enfants actuellement au service ou habitant Metz. Ancienne famille représentée en Autriche par les Comtes Huyn.

le Comte de Saint-Ignon (Marie-Joseph-Maurice), chevalier, seigneur de Rieding et autres lieux, grand bailli d'épée de Fénétrange, député nommé par le roi à l'assemblée provinciale. Adhésion. La maison de Saint-Ignon est de l'ancienne chevalerie de Lorraine et compte encore des représentants.

le Chevalier de Saint-Ignon de Rieding. Adhésion.

le Comte de Jaucourt, colonel du régiment de Condé, dragons. Comité municipal.

Jobal de Lue (Joseph-François-Louis), lieutenant-colonel. 15 janvier. Il devint major des gardes du corps, lieutenant-général, grand croix de St-Louis. Le Comte de Jobal de Lue, son fils, décédé à Bagnères, en 1862, a laissé de profonds souvenirs à Metz, par sa bienfaisance.

Jobal de Pagny (Joseph-Pierre), lieutenant de roi à Metz. 15 janvier et bailliage. Ce nom est encore fort honorablement porté.

Joly de Maizeroy (Paul-Gédéon), colonel, chevalier de St-Louis. Trois ordres et bailllage.

-Kegelin, capitaine au régiment de Schomberg, dragons. Adhésion.

de Ladonchamps (Jean-Henri Lefebvre), colonel d'artillerie. Adhésion
et bailliage. Cette famille existe encore.

de Lambert de Rézicourt. Bailliage.

le Comte de Lambertye, grand bailly de Sarrelouis. Adhésion.

le Vicomte de Lambertye. 15 janvier et bailliage. Ancienne maison de
chevalerie du Périgord, établie en Lorraine et à Metz, où elle est encore représentée.

Lamothe, v. Gauthier.

Landremont, chef d'escadron au régiment de Schombert, dragons.
Adhésion.

Lanty (Christophe-François-Sébastien), conseiller au parlement. Comités patriotique et municipal. Cette famille est encore nombreuse.

de Lasalle (Nicolas-Théodore-Antoine-Adolphe), seigneur de Berviller, président et lieutenant-général au bailliage de Sarrelouis, député pour le Tiers aux États-Généraux. Cousin du général Comte de
Lasalle, tué à Wagram. Adhésion.

de Laubrussel (Jean-Baptiste-François), chevalier, seigneur de Mont-
richard, président au parlement, chambre des requêtes. Assemblée
provinciale et député aux États-Généraux.

Lauthier Chabanon, capitaine de grenadiers. Adhésion.

le Baron Legrand, seigneur de Chambrey. District de Vic.

de Lingendes. 15 janvier.

Lochettes ou Rochettes, v. Goyon.

le Chevalier de Loyauté. Bailliage.

de Luc. 15 janvier. Trois ordres et bailliage.

de Luc, fils. 15 janvier.

le Comte de Ludres, seigneur de Port-sur-Seille. District de Vic. Maison originaire de Bourgogne, établie en Lorraine où elle faisait partie de l'ancienne chevalerie.

de Macklot ou Maclot. 15 janvier.

de Maillard de la Martinière, Baron de Gorcy, ancien général major au
service de Prusse, commandeur de St-Charles de Wurtemberg.
Adhésion.

de Maillard de la Martinière, chevalier, seigneur de Brandenbourg,
Gorcy et Cussiguy, lieutenant-général au bailliage de Longwy. Adhé-
sion. Député suppléant aux États-Généraux. Frère du précédent.
Cette famille, originaire de Picardie, est éteinte.

Maizeroy, v. Joly.

Mamiel de Marieulles. Bailliage.

Mancourt, v. le Duchat.

Mardigny (Jean-Paul Georgin de), écuyer, seigneur de Mardigny. Bailliage. MM. Paul de Mardigny, ingénieur en chef des ponts-et-chaussées, et Laurent de Mardigny sont ses petit-fils.

de Maret, Baron de Bronelle, seigneur de Baalons et Bronelle. District de Clermont.

Marieulles, v. Mamiel.

de Marion. Bailliage.

de Marion de Glatigny. 15 janvier et bailliage. Cette famille reçut le titre de baron en 1816.

Marionnelz. Bailliage.

le Chevalier de Martimpré de Romécourt, ancien officier. District de Vic.

Martinière, v. Maillard.

Maujean (Pierre), chevalier, seigneur de Labry, ancien conseiller du roi, lieutenant-général de la table de marbre, conseiller honoraire au présidial, Maître Echevin, chef de police de la ville de Metz, premier administrateur de l'hôpital St-Nicolas, président des trois ordres, membre de l'assemblée des notables réunis à Versailles en 1787, député nommé par le roi à l'assemblée provinciale *dans l'ordre du tiers*, syndic de cet ordre, député directement par lui aux États-Généraux. Il fut le dernier Maître Echevin de Metz et mourut en 1816.

le Prince de Saint-Mauris, colonel au régiment de Monsieur, infanterie. Comité patriotique.

le Marquis du Mesnil, colonel inspecteur du colonel-général, hussards. Comité patriotique.

Mey de Valhombre. Bailliage.

Midart. Bailliage.

Milly, v. Salse.

Montauban. 15 janvier.

Montigny, v. Goussaud. Famille autre que celle dont M. le Baron de Montigny de Landonvillers est le représentant.

Montreuil, v. Ernecourt.

de Moulineuf. 15 janvier. Mlle Lemusnier de Moulineuf, épousa Pierre-François Malherbe, père de MM. Alfred, Adolphe et Charles Malherbe, conseiller à la Cour Impériale, ancien officier d'état-major et colonel d'artillerie.

le Baron Mulet de la Girouzière, commandant pour le roi à Sarrebourg, syndic du clergé et de la noblesse du district de Vic.

Neuerbourg, v. Wolter.
Neumanil, v. Hangest.
Neuville, v. Frey.
Niderviller, v. Custine.

d'Oriocourt, trésorier des guerres. Comité municipal.
Ouderne, v. le Duchat.

Pacquin de Vauzlemont (Claude-Étienne), officier au régiment de Picardie, chevalier de St-Louis, maréchal de camp en 1791. Bailliage.
Pagel de Sainte-Croix (Pierre-Nicolas), écuyer, capitaine d'infanterie, chevalier de St-Louis. District de Toul.
Pagny, v. Jobal.
Saint-Paul, v. Goullet.
Perrin des Almont. Trois ordres.
le Baron de Plunkett, ancien garde du corps. Adhésion et bailliage.
de Pointe de Gévigny, v. Gévigny.
Pondeillas, v. Bermont.
de Pont (Charles-François), avocat-général au Parlement de Metz, à l'âge de 16 ans, en 1784, et conseiller au parlement de Paris, en 1789. Talent des plus remarquables. Son père fut le dernier intendant de Lorraine et de la généralité de Metz. Comité municipal.
Pottier de Fresnoy (Pierre-Michel). Bailliage.
le Baron de Pouilly (Albert-Louis), comte de Roussy, maréchal de camp, chevalier de St-Louis, député nommé par le roi à l'assemblée provinciale. Président de l'assemblée du district de Clermont et député aux États-Généraux par le bailliage de Verdun. Le Comte de Mensdorff-Pouilly, son fils, s'établit en Autriche. Maison de l'ancienne chevalerie de Lorraine, dont plusieurs représentants.
Poullain de Grandprey, seigneur de Graux et Grandprey. Adhésion.
Poutet (Henri-Jacques Baron de), conseiller au parlement, ancien Maître Echevin, commissaire et député direct de la noblesse du bailliage aux États-Généraux. Du comité municipal et maire de de la ville de Metz en 1790, le Baron de Poutet fut guillotiné à Paris en 1793. Famille éteinte.
Poutet de Burtoncourt (Etienne-Pierre-Marie), frère du précédent, lieutenant-colonel du régiment de la marine où il eut Bernadotte pour se-

crétaire, maréchal-de-camp en 1797, lieutenant-général en 1815. 15 janvier.

Prémont, v. Aspremont.

Puymaigre, v. Boudet.

le chevalier de Rancé. Trois ordres et bailliage.

Rancé, fils. Trois ordres.

Regnier d'Arraincourt (Jean-André), conseiller, auditeur honoraire au parlement, chambre des comptes. Adhésion et bailliage.

Regnier d'Arraincourt (Nicolas), ingénieur, entrepreneur des fortifications de Metz et de Thionville, frère du précédent. Adhésion.

le Comte de Rennel, seigneur de Petoncourt, chevalier de St-Louis. District de Vic.

de Requin, seigneur de Bionville, ancien major d'infanterie, chevalier de St-Louis. District et bailliage de Metz.

Rézicourt, v. Lambert.

Richard, Baron d'Uberherren, commandant du génie à Sarrelouis. Adhésion. Député aux État-Généraux.

la Roche Girault, ou Girard et Gyrault de la Roche. Bailliage.

Rochemorin, v. Beaurepaire.

Roches, Rochettes ou Lochettes, v. Goyon.

Rœderer (Pierre-Louis), conseiller au parlement, de la Société Royale des sciences et arts. Bailliage. Président des comités patriotique et municipal, député par le Tiers, en place de M. Maujean, à l'assemblée nationale, sénateur, Comte d'Empire, grand officier de la Légion-d'Honneur, décédé en 1836. Cette famille existe encore.

Rœderer de Broville, conseiller au présidial. 15 janvier, bailliage, comités patriotiques et municipal.

Romécourt, v. Martimpré.

Ronde, v. Dedon.

de Ronins, ancien capitaine d'infanterie. District de Verdun.

Rurange, v. le Duchat.

Salse de Milly. 15 janvier.

de Seillons. Bailliage.

de Serre. Bailliage. Ce nom a été rendu célèbre par le comte de Serre, ministre, garde des sceaux, orateur distingué, président de la chambre des députés et ambassadeur. M. de Serre avait épousé Mlle de Huart, d'une ancienne famille fort honorablement connue à Metz et en Belgique.

Sorbey, v. Durand.

Tardif d'Hamonville (Alphonse-Louis), chevalier, seigneur de Boucq, ancien capitaine au régiment d'Orléans, chevalier de St-Louis, député élu à l'assemblée provinciale. Il existe à Metz, une ancienne famille de Tardif de Moidré originaire de Normandie, dont était Jean Alexandre de Tardif de Moidré, officier supérieur d'artillerie, chevalier de St-Louis et de la Légion-d'Honneur, qui a laissé quatre fils dans les ordres, l'armée et la magistrature.

le Chevalier du Theil (Jean), lieutenant colonel au régiment d'Arson, artillerie. Comités patriotique et municipal. Colonel général de la garde nationale, en remplacement du Marquis de Chérisey, démissionnaire.

Thirion. Bailliage. Il y avait à Metz plusieurs familles de ce nom. L'une d'elles subsiste encore.

Tinseau (Claude-Philippe-Alexandre de), ancien lieutenant-colonel, chevalier de St-Louis. Trois ordres, syndic du clergé et de la noblesse à l'assemblée provinciale, adhére à celle du 15 janvier. Famille ancienne, représentée dans les ordres, l'armée et la magistrature.

de la Touche, chevalier de St-Louis. Adhésion. Famille représentée par M. de la Touche, capitaine d'artillerie, et Mmes Ancillon et de Nonancourt.

le Comte de la Tour-en-Woivre. 15 janvier et bailliage. Maison de l'ancienne chevalerie de Lorraine.

le Comte de la Tournelle, seigneur de Sailly et Achatel. 15 janvier. Maison fort ancienne, originaire de Bourgogne, et éteinte, à Metz, dans M. le Comte de la Tournelle de Dombasle, de vénérée mémoire, qui avait épousé Mlle de Coetlosquet.

la Tude, v. Vissec.

de Turmel (Claude-Joseph), colonel des grenadiers royaux de l'Isle de France. Bailliage, comités patriotique et municipal. Député suppléant de M. de Poutet aux États Généraux. Colonel général de la garde nationale, remplacé par le Marquis de Chérisey. Il devint maréchal de camp. Son fils, maire de Metz et député sous la Restauration, a laissé plusieurs enfants : MM. l'abbé et le conseiller de Turmel, et Mme Charles de Lardemelle.

Uberherren, v. Richard.

Valhombre, v. Mey.

le Vicomte de Valory, à Toul. Adhésion.

le Chevalier de Vareilles. Bailliage.

le Marquis de Vauborel (Louis-Malo-Gabriel), maréchal de camp, commandeur de St-Louis. Adhésion.

de Vaudouleur (Chavreau). 15 janvier et bailliage.

de Vaulx d'Achy, seigneur de Rémering. District de Vic.

Vauzlemont, v. Pacquin.

de Vellecour, seigneur de Blettange, commissaire-ordonnateur des guerres, chevalier de St-Louis. Syndic du clergé et de la noblesse du district de Thionville. Aïeul de M. Charles de Vellecour, ancien officier d'artillerie.

Verlhac, ancien commandant. Adhésion.

Verlhac, fils. Adhésion.

Vernancourt, v. Beaumont.

Vernéville, v. Huyn.

de Vieville, commissaire des guerres à Sarrelouis. Adhésion.

Vigny, v. Gauthier.

Ville, v. Alnoncourt.

le Chevalier de Villedon, seigneur de Thonne le Thil, chevalier de St-Louis. District de Sedan.

le Chevalier de Saint-Vincent, seigneur de Parois, district de Sedan.

le Baron de Vissec de la Tude (Jean-Maurice), seigneur de Maugré, Rubécourt et autres lieux, capitaine d'infanterie, chevalier de St-Louis, député élu de l'assemblée provinciale et de l'assemblée du district de Sedan.

de Wal, écuyer, chevalier de St-Louis. Adhésion. Ancienne maison originaire de Lorraine, établie en Belgique.

Woivre, v. Crespin et la Tour.

Wolter de Neuerbourg (Benoît-Nicolas), seigneur de Cattenom et autres lieux, maréchal de camp, chevalier de St-Louis, député nommé par le roi à l'assemblée provinciale, président de l'assemblée du district de Thionville, député aux États Généraux, décédé en 1804.

———

On a scrupuleusement suivi les indications fournies par les documents cités, quant aux noms, surnoms, particules et titres.

NOBLESSE

DU BAILLIAGE DE METZ

LISTE DES MEMBRES DE L'ORDRE DE LA NOBLESSE

DU BAILLAGE DE METZ

Assemblés pour la nomination des députés aux Etats-Généraux de Versailles

sous la présidence de M. le Marquis de CHÉRISEY (*)

MARS ET AVRIL 1789.

1789.	1821.
le Comte d'Allegrin.	*le Comte d'Allegrin.*
d'Alnoncourt de Ville.	*d'Alnoncourt de Ville.*
Ancillon, fils.	**d'Ancillon.*

(*) Cette liste, que nous donnons par ordre alphabétique, a été publiée à la suite du cahier des doléances de l'Ordre de la Noblesse, par Vᵉ Antoine et fils, imprimeurs du Roi, Metz, 1789. — Il n'en existe pas d'autre aux archives de l'Empire ou de la Moselle. — On la trouve à la Bibliothèque impériale, sous ce titre : *Cahier de l'Ordre de la Noblesse du Bailliage de Metz....* remis à M. le Baron de Poutet.... nommé directement par la Noblesse, le 14 avril 1789. in-8°. Voyez Guigard, Bib. héraldique, n° 2689.

La liste donnée en regard, par ordre alphabétique également, a été publiée en 1821, par M. de Courcelles. *Dictionnaire universel de la Noblesse de France*, t. III, p. 481. — M. de Courcelles a suivi l'ordre de la liste de 1789 ; mais, outre les quatre omissions suivantes : le Vicomte de Beaurepaire, fils, Berteaux, Chazelles, du régiment des mineurs, et de Luc, il porte les noms de Louis et Courren, pour Louis de Courten ; il prodigue la *particule*, les *titres*, ou les supprime et estropie les noms avec un effroyable discernement. — Les noms ainsi augmentés ou mutilés, sont marqués d'un astérisque.

Les bailliages de Thionville, Longwy et Sarrelouis députaient avec celui de Metz. Leurs listes n'existent pas aux archives de l'Empire (lettre du 25 août 1862).

1789.	1821.
le Comte d'Arros.	*le Comte d'Arros.*
le Vicomte d'Auger.	*le Vicomte d'Auger.*
du Balay, fils.	*du Balay.*
Barandiery comte d'Essville.	*°de Barandiery.*
Barandiery Dessville.	*Barandiery Dessville.*
de Barat-Boncourt.	*de Barat Boncourt.*
le Vicomte de Beaurepaire.	*°de Beaurepaire.*
le Vicomte de Beaurepaire, fils.	. . . .
Beausire.	*°de Beausire.*
de Belchamps.	*de Belchamps.*
Berteaux, secrétaire.	. . . .
Besser, commissaire.	*°de Besser, commissaire.*
le Baron de Blair.	*le Baron de Blair.*
le Chevalier de Blair.	*°de Blair.*
Saint-Blaise.	*°de Saint-Blaise.*
Saint-Blaise de Crépy.	*Saint-Blaise de Crépy.*
le Baron de Bock, commissaire.	*le Baron de Bock, commissaire.*
Boudet de Puymaigre, commissaire.	*Boudet de Puymaigre, commissaire.*
de Boulenne.	*de Boulenne.*
le Bourgeois du Cherray, père.	*le Bourgeois du Cherray.*
le Bourgeois du Cherray.	*°le Bourgeois Ducherray.*
Bournac.	*°de Bournac.*
Bournac de Fercourt.	*Bournac de Fercourt.*
de Brazy.	*de Brazy.*
des Broches.	*des Broches.*
Bry d'Arcy.	*Bry d'Arcy.*
le Chevalier de Buzelet.	*°de Buzelet.*
Cabannes.	*°de Cabannes.*
Cabouilly.	*°de Cabouilly.*
la Chapelle de Bellegarde.	*la Chapelle de Bellegarde.*
de Chazelles.	*°de Chaselles.*
Chazelles, du régiment de Vintimille	*°de Chaselles.*
Chazelles, du régiment d'Orléans.	*°de Chaselles.*
Chazelles, du corps des mineurs.	. . . .
le Chevalier de Chenicourt.	*°de Chenicourt.*
le Marquis de Chérisey, président.	*°de Chérisey, président.*
Chiévres.	*°de Chiévres.*
de Comeau.	*de Comeau.*

1789.	1821.
de Compagnot.	de Compagnot.
Corvisart de Fleury.	Corvisart de Fleury.
le Baron de Cosne.	le Baron de Cosne.
. . . .	*le Baron de Cosne.
le Baron de Couet.	le Baron de Couet.
Louis Comte de Courten.	*Comte de Courten.
. . . .	*de Louis.
le Vicomte de Courten.	*de Courren.
de Crespin.	de Crespin.
Crespin de la Woivre.	Crespin de la Woivre.
de Domgermain.	de Domgermain.
Dosquet.	*de Dosquet.
le Duchat d'Aubigny.	le Duchat d'Aubigny.
le Duchat de Mancourt.	le Duchat de Mancourt.
le Duchat Comte de Rurange.	le Duchat Comte de Rurange.
le Duchat de Rurange.	le Duchat de Rurange.
Dumoulin.	du Moulin.
d'Ecosse.	d'Ecosse.
Eschalard de Bourguinière.	Eschalard de Bourguinière.
Evrard.	*d'Evrard.
Evrard de Longeville.	Evrard de Longeville.
le Chevalier de Fabert.	*de Fabert.
de Fabert.	de Fabert.
le Chevalier de Faultrier.	*de Faultrier.
Faultrier.	*de Faultrier.
Faultrier.	*de Faultrier.
Ferrand.	Ferrand.
le Comte de Fouquet.	*de Foucquet.
Franchessin.	*de Franchessin.
Frey de Neuville.	Frey de Neuville.
Gaultier de Lamotte.	Gaultier de Lamotte.
Geoffroy.	*de Geoffroy.
Georges des Aulnois.	George des Aulnois.
Gérard d'Hannoncelles.	Gérard d'Hannoncelles.
Goullet de Saint-Paul.	Goullet de Saint-Paul.
le Goullon d'Hauconcourt.	le Goulon d'Hauconcourt.
Gournay du Gallois.	Gournay du Gallois.
Goussaud d'Antilly, commissaire.	*Gouffaud d'Antilly, commissaire.

1789.	1821.
Goussaud de Montigny, commissaire.	*Gouffaud de Montigny, commissair
Goyon des Roches.	*Goyon des Rochettes.
Guerrier.	*de Guerrier.
le Baron de Guillemin.	le Baron de Guillemin.
de Haussay.	de Haussay.
Jobal de Pagny.	Jobal de Pagny.
Joly de Maizeroy.	Joly de Maizeroy.
de Ladonchamps.	de Ladonchamps.
de Lambert de Rézicourt.	de Lambert de Rézicourt.
le Vicomte de Lambertye.	*de Lambertye.
le Chevalier de Loyauté.	*de Loyauté.
de Luc.	. . . .
Macklot.	*de Macklot.
Mamiel de Marieulle.	Mamiel de Marieul.
Mardigny.	de Mardigny.
de Marion.	de Marion.
de Marion de Glatigny.	de Marion de Glatigny.
Marionnelle.	*de Marionnelle.
Mey de Valombre.	Mey de Valombre.
Midart.	*de Midart.
Pacquin de Vauzlemont.	Pacquin de Vauzlemont.
le Baron de Plunkett.	le Baron de Plunkett.
Pottier de Fresnois.	Pottier de Fresnois.
Poutet, commissaire.	*de Poutet, commissaire.
Poutet.	*de Poutet.
le Chevalier de Rancé.	*de Rancé.
Rancé.	*de Rancé.
Regnier d'Araincourt.	Regnier d'Araincourt.
de Requin.	de Requin.
la Roche Girault.	*de la Roche Girault.
Rœderer, commissaire.	*de Rœderer, commissaire.
de Seillons.	de Seillons.
de Serre.	de Serre.
Thirion.	*de Thirion.
Tinseau.	*de Tinseau.
le Comte de la Tour-en-Woivre.	le Comte de la Tour-en-Woivre.
Turmel.	*de Turmel.
le Chevalier de Vareilles.	*de Vareilles.

Vaudouleurs, commissaire.

le Baron de Vissec.

Signé : BERTEAUX, Secrétaire.

Collationné par le Secrétaire.

Signé : BERTEAUX.

*de Vaudouleurs, commissaire.

le Baron de Vissec.

. . . .

. . . .

. . . .

DÉPUTÉS ET SUPPLÉANTS

DES BAILLIAGES DE METZ, THIONVILLE, LONGWY ET SARRELOUIS

AUX ÉTATS-GÉNÉRAUX.

CLERGÉ

MM. Thiébaud, curé de Sainte-Croix à Metz, député.

Brousse, curé de Volckrange, député.

Jénot, curé de Chény, suppléant.

Gouget, curé de Sarrebourg, suppléant.

NOBLESSE.

MM. le comte de Custine de Niderviller, député.

Wolter de Neuerbourg, député.

Richard Baron d'Uberherren, suppléant.

Maillart de la Martinière, suppléant.

*le Baron de Poutet, ancien Maître Echevin, député et

Turmel (Claude-Joseph), suppléant, nommés directement par la Noblesse du bailliage de Metz seulement.

TIERS ÉTAT.

MM. Emmery, Mathieu de Rondeville, de Lasalle et Claude, députés.

Galland, Collin, Durbach et Bertin, suppléants.

*Maujean, Maître Echevin, député et

Séchehaye, suppléant, nommés directement par le Tiers du bailliage de Metz (*).

(*) MM. de Poutet et Maujean ne furent pas admis par l'Assemblée Nationale. Les députés messins du Tiers régulièrement nommés, employèrent tout leur crédit pour faire repousser ce dernier surtout. On célébra l'échec et la chute du dernier Maître Echevin, par un *Te Deum* chanté aux Recolets, le 20 juillet. A l'issue de la cérémonie, un *Comité patriotique* s'organisa, qui se transforma plus tard et légalement en *Comité municipal*.

RECHERCHE

DE LA GÉNÉRALITÉ DE METZ

—◆—

LISTE DES NOBLES OU PRÉTENDUS NOBLES

DE LA GÉNÉRALITÉ DE METZ, LUXEMBOURG ET FRONTIÈRE DE CHAMPAGNE

dressée en exécution de l'arrêt du Conseil d'Etat du 27 janvier 1674 (*)

—◆—

d'Anglure, a. c. (**)

d'Anguiocourt.

d'Anly ou Danly.

des Armoises, a. c.

Arry, v. Maillet.

d'Aspremont de Marcheville.

Aubertin.

d'Aubigny, v. Roussel.

(*) La recherche générale la plus importante et la plus considérable en résultats, est celle de 1666. Commencée à l'instigation de Colbert, suspendue en 1674, à cause des guerres, et reprise en 1696, avec moins de sévérité, elle n'a cessé qu'en 1727.

C'est au moment où cette recherche était abandonnée dans la plus grande partie du pays, qu'on la faisait dans la généralité de Metz.

Par ordonnance du 3 avril 1674, l'intendant enjoignit à tous notaires, tabellions, amans, greffiers et officiers publics, de donner connaissance de leurs minutes, registres ou protocoles, au procureur du roi ou à sa réquisition, et d'en délivrer des copies ou extraits.

Une liste des *Nobles ou prétendus Nobles* fut dressée à cet effet, et envoyée à chacun des dépositaires d'actes publics, afin d'en obtenir copie des titres où les père, aïeul, bisaïeul et trisaïeul desdits *Nobles ou prétendus Nobles*, seraient dénommés, comme parties ou témoins, à dater de l'an 1550 jusqu'à la présente année 1674.

Cette liste ou placard est excessivement rare. L'orthographe des noms y est fort incorrecte.

Les agents préposés à cette opération étaient :

MM. Poncet de la Rivière, intendant; de Givry, F. Marchal, D. Harquel, L. Monsenot, Persode, d'Auburtin, et Viry, commissaires.

Par sentence rendue le 9 juin 1674, par M. Poncet de la Rivière assisté des *ju-*

(**) Les lettres A. C. indiquent l'ancienne chevalerie.

Baillot.

Balbo, v. St-Jean.

Bannerot.

du Barail.

de Baptelmont, v. Martigny.

Bathelémont.

Batilly.

de Beauvau, a. c.

Belchamps.

Belerus, a. c.

Béraud.

Berg.

de Bezanne.

Biffontaine, v. Greisge.

le Blanc.

Bonhomme de Léoviller.

Bonnecasse et Bonnecaze.

Bonnefoy.

Borny.

Braconier.

Bretagne.

Bretoncourt.

du Buchet, a. c.

Busselot.

Buttecourt, v. Hoffelize.

Caboche.

Caradreux, v. Montauban.

Caussay.

Certany de la Vigerie.

Changeur.

Chauvenel.

Chenevix.

Chérisey, a. c.

du Chesnoy, v. Geslée.

Coin-sur-Seille, v. Gournay.

Compagnot.

Condé.

Corpels.

Courcol.

Grisbornech, v. Hinsberg.

de Custine de Guermange, a. c.

Danly, v. Anly.

Dattel.

Descrochets.

Deville.

Didelot.

Dietreman.

la Dievé (Dièvre ?)

Dinguenheim, v. Ingenheim.

Dodault (Dodot de Troion).

Dompierre.

Dozanne.

Drouart.

Drouet.

Drouot.

Duc de Lagrange.

Durand.

l'Escuier de Manheulle.

Fabert.

Favier.

Feriet de Metz.

Feriet de Vic.

Fiquelmont de Mars-la-Tour, a. c.

de la Fitte.

---

ges souverains en cette partie, les officiers de la chancellerie du parlement furent admis au catalogue des NOBLES. (Biog. du Parlement, art. Brenot, p. 57).

Mathieu Husson Lescossois, publia cette même année, 1674, le simple crayon utile et curieux......

La Recherche dans la généralité de Metz fut une des dernières. D'autres avaient eu lieu : en Artois, 1576; Dauphiné, 1639 ; Normandie, 1665 ; Bretagne, 1668 ; Navarre et Béarn, 1669.

Les recherches générales datent de 1656, 1658, 1661, 1664, 1665, 1666 et 1696 à 1727.

de Flerin.
de Fleury de la Rivière.
de Flévy, v. Senocq.
Fligny.
de Flin.
la Forest.
des Forges.
Foussieux.
Friauville, v. Gournay.
Gallois.
Gallois.
Gauvain.
Gerbillon.
Geslée du Chesnoy.
Gillot.
Gondrecourt.
Gondrecourt.
le Goullon.
Gournay, le bailly, a. c.
Gournay de Coin-sur-Seille, a. c.
Gournay de Friauville, a. c.
de Grandjeand, v. Person.
la Grange, v. Duc.
la Grange Mérovaux.
la Grange, de Toul.
de Gras.
de Greisge de Biffontaine.
la Grillonnière.
Grosieux.
de la Guaranne, v. Pierre.
Guermange, v. Custine.
Guillermain.
Habert.
du Halt.
du Han de Martigny, a. c.
Hardy.
Hénart.
Hennemont.
Hinsberg de Crisbornech.

Hoffelize.
Huyn.
Saint-Ignon, a. c.
d'Ingenheim.
Jamdin.
Jandelaincourt.
Saint-Jean Balbo.
Jullevécourt.
de Saint-Jure.
la Lance.
Lamezan, prévost de Fresne.
Saint-Laurent.
Léoviller, v. Bonhomme.
Lignage.
le Liévre (le Liepvre).
Lorry.
Mageron.
Maguin.
Maillet d'Arry.
Malmédy.
Mancourt.
Manheulle.
Manheulle, v. l'Escuier.
la Mar.
Marcheville, v. Aspremont.
de la Margelle.
Mars-la-Tour, v. Fiquelmont.
Martigny de Baptelmont.
Martigny, v. du Han.
Massenbach.
Maulican.
Mavican.
Meillebourg.
le Mercier.
Mercy, a. c.
Mérovaux, v. Lagrange.
Montauban.
Monthairon.
Montigny (de Landonvillers).

Moregne.

Odam, de Dieulouard.

Odam, de Toul.

d'Offlize, v. Hoffelize.

Oury.

du Pasquier.

de Paulo.

Saint-Pée.

de Perelle.

Person de Grandjean.

Piedmodan (Pimodan).

Pierre de la Guaranne.

de Pittance.

Port-sur-Seille (Ernecourt).

Procheville.

Rachecourt (Raigecourt), a. c.

de Ramberviller.

Rantz.

Regnier.

de Saint-Rémy.

de Rez.

de Richemont.

de Rivet.

de la Rivière, v. Fleury.

Roydot.

Roussel, d'Aubigny, a. c.

Roussel, de Varnéville, a. c.

de la Ruelle.

Saillet.

de Sancé.

Savonnière.

Senocq de Flévy.

Serrière.

Serrières (Nouroy), a. c.

la Tarade.

de Tassard (Vassard).

de Thiriet.

des Touches.

Travet.

Turin, v. Vigneulles.

Valentin.

la Vallée.

Vantou.

Varnéville, v. Roussel.

Vatronville (Housse), a. c.

Vatronville, seigneur du dit lieu.

Vauchier.

Vausselle.

Vernier.

Veulore.

Vigerie, v. Certany.

de Vigneulles (le Baron).

Vigneulles de Turin.

Vignolles.

Villers.

Vivier.

ANCIENNE CHEVALERIE

DE LORRAINE.

LISTE DES MAISONS DE L'ANCIENNE CHEVALERIE

DE LORRAINE

résumée de Callot, Sérocourt, Ménestrier, Calmet, Bermann et Henriquez

PAR UN ANONYME (*).

Aboncourt.	ᴍ*Anglure. *Champagne.*
c. Aguerre ou Daguerre.	* Armoises et Hermoises (des). *Fl.*
Aigremont. *Champagne.*	Aspremont. *Champagne.*
c. Ainville ou Einville.	c. Astier (Saint-). *France.*
ᴍ. Allamont. *Luxembourg.*	Augéviller, v. Ogéviller.
Amance.	Autel. *Luxembourg.*
Amant (Saint-). *Flandre?*	Autremont. *Ev. de Metz.*

(*) Les noms qui ne sont précédés d'aucune *lettre*, ni suivis du *pays d'origine* indiqué par Bᴇʀᴍᴀɴɴ, appartiennent à la liste de Cᴀʟʟᴏᴛ et à la Lᴏʀʀᴀɪɴᴇ. — *Désigne les noms de la liste de Cᴀʟʟᴏᴛ reproduits en double par Mᴇɴᴇsᴛʀɪᴇʀ; ᴍ. celle de Mᴇɴᴇsᴛʀɪᴇʀ; c, celle de Cᴀʟᴍᴇᴛ, et ʙ, celle de Bᴇʀᴍᴀɴɴ.

Les listes de l'Ancienne Chevalerie de Lorraine datent de la résolution des États accordant le titre d'Ecuyer aux anoblis de quatre degrés en 1603, et des décrets du Duc Henri II les déclarant Gentilshommes en 1622.

La première et la plus vraie est antérieure à l'année 1615. Elle est attribuée à Jᴇᴀɴ Cᴀʟʟᴏᴛ, contient 187 noms seulement, et fut publiée par Mᴇɴᴇsᴛʀɪᴇʀ. On en trouve une copie moderne, due aux soins de M. Cᴀʟʟᴏᴛ, avocat, dans le *Manuscrit* nᵒ 2045, du Catalogue Nᴏᴇʟ, de Nancy.

La seconde fut publiée en 1630, par le Bᴀʀᴏɴ ᴅᴇ Sᴇʀᴏᴄᴏᴜʀᴛ. Elle est comprise dans celle de Bᴇʀᴍᴀɴɴ.

Une troisième liste, postérieure à 1634, donnant les noms de ceux qui vivaient alors et avaient assisté aux dernières assises, est due à Tʜᴇᴏᴅᴏʀᴇ Gᴏᴅᴇғʀᴏɪᴅ. Elle avait pour but, semble-t-il, de dénombrer la Chevalerie et de faire voir

c. Autrey. *Ev. de Metz.*

c. Auzebourg. *Lorr. allemande.*

c. Aviller. *Ev. de Verdun.*

Ayne ou Esne. *Barrois.*

Bainville.

Baissey ou Bessey et Bexey.

Balmont (Saint-).

b. Barat de Boncourt. *Ev. de Toul.*

Barbas, v. Barbay.

Barbay ou Barbas.

Barexey ou Barezey.

Barezey, v. Barexey.

Barisy ou Barisey.

* Bassompierre. *Allemagne ?.*

Baudoche. *Metz*

Bauffremont, Bef. et Bouffroimont.

Baudricourt.

m. Baussant (Saint-). *Barrois.*

Bauzemont et Bazemont.

Bayer de Boppart. *Trèves*

Bayon.

Bazemont, v. Bauzemont.

* Beauvau. *Anjou.*

Beffroimont, v. Bauffremont.

Belin (Saint-). *Champagne.*

Béliup, v. Bérupt.

Belmont.

Bémont. *Franche-Comté.*

b. Bérupt ou Belrupt et Béliupt. *Bar.*

Besancey, v. Busancy.

Bessey, v. Baissey.

Bexey, v. Baissey.

Bildstein.

Billy. *Ev. de Verdun.*

Bioncourt. *Ev. de Metz.*

c. Blaise (Saint-). *Champagne.*

c. Bohan. *Lorr. Allemande?*

Boncourt, v. Barat.

Boppart, v. Bayer.

c. Boues ou Boves (des). *Champagne.*

Bouffroimont, v. Bauffremont.

c. Boulan. *Ev. de Verdun.*

Bourlémont.

Bourmont. *Champagne.*

l'influence qu'elle pouvait exercer sur les intelligences que la France se ménageait en Lorraine. Cette liste fut publiée en 1674, par Husson Lescossois, au *Simple Crayon*; en 1850, par M. Cayon, dans sa *Chevalerie Lorraine*, et en 1854, par M. Digot, dans ses *Etats-Généraux*.

Le R. P. Ménestrier a publié la liste de Callot, dans « *Les diverses espèces » de noblesse et la manière d'en dresser les preuves* », chap. X, p. 388-393. Lyon et Paris, 1684, in-12, rare. Il paraît y avoir ajouté 4 familles: Anglure, Mais, Malberg et Mandres (m*), et fit une liste supplémentaire de 17 noms, desquels 8 sont déjà portés (*). Les 9 autres sont précédés d'un m. En réalité, Ménestrier n'augmenta la liste de Callot que de 13 noms, qui la portent à 200.

En 1757, Dom Calmet donna une cinquième liste, contenant 84 noms nouveaux, qui élèvent le nombre total à 284. Ces noms sont précédés d'un c. Mais l'abbé de Senones en oublia 6 des anciens. *Histoire de Lorraine*, 1757, t. V, p. cclxi.

Bermann ajouta, en 1763, 15 noms à la liste de Calmet, et nous donna ainsi 296 maisons d'Ancienne Chevalerie. « *Dissertation historique sur l'Ancienne Cheva- » lerie et la noblesse de Lorraine.* » Nancy, Hœner, 1763, in-12, rare. Ces noms sont précédés d'un b.

Henriquez a reproduit la liste de Bermann en 1775, dans son « *Abrégé de » l'Histoire de Lorraine* », t. ii.

Il est incontestable que ces listes ne sont ni *exactes* ni *complètes*. Plusieurs noms tels que Barexey et Barisy, Cirey et Sirey, Housse et Sainte-Housse, Maiserot ou Masirot et Masuroy, Sarney et Sernay, Séraucourt et Sérocourt, paraissent répétés deux fois, tandis que beaucoup sont absents, qui figurent dans des actes particuliers et généraux de Chevalerie, tels que ceux de 1425, 1435, et aux assises de 1594.

Bouthilier de Senlis. *France.*
Bouxières.
Bouzey. *Ev. de Verdun.*
c. Brantscheidt. *Allemagne.*
Bressey, v. Brixey.
Briey. *Ev. de Verdun.*
Brixey, Bressey, Bruxey, *Ev. de T.*
c. Brombach. *Allemagne.*
Bruxey, v. Brixey.
Buchet (du).
Buffegnicourt.
c. Bugnycourt.
Bulgnéville.
Busancy, Besancey, Bezancy. *Lux.*
Camasier. *France.*
c. Carelle. *Champagne.*
Ceilly. *Bourgogne.*
Chabanay. *France.*
Chambley. *France.*
Chanexey, v. Chérisey. *Champ.*
Charexey, v. Chérisey.
Châtel ou Chastel.
c. Châtelet.
Châtenoy ou Chastenoy.
Chauffour. *Barrois.*
m. Chauvirey. *Franche-Comté.*
* Chérisey, Chérisy, Chanexey.
Chiny. *Comté de Chiny.*
Choiseul. *Champagne.*
Cirey ou Sirey.
Clémont. *Champagne.*
Clermont. *Barrois.*
m. Cléron. *Franche-Comté.*
Coin, v. Goin.
Commercy. *Barrois.*
Conflans. *Ev. de Verdun.*
Craincourt et Creincourt. *Ev. de M.*
c. Crantz. *Allemagne.*
Créhanges. *Allemagne.*

Creincourt, v. Craincourt.
b. Creuve dit Horville. *Ev. de Verd*
c. Croy. *Flandre.*
m. Cussigny. *Barrois.*
Custine. *Ev. de Liége.*
Daguerre, v. d'Aguerre.
c. Damas. *Bourgogne.*
Damelevière.
c. Darnieulles.
Desarmoises, v. Armoises.
Desboues, v. Boues ou Boves.
Desch. *Metz.*
Desche, v. Esche.
Desfours, v. Fours.
Desporcelets, v. Porcelets.
Dessalles, v. Salles.
Desvieux, v. Vieux.
Dethe, v. Ethe.
Deullange.
Deuilly.
Dinteville ou Inteville. *Champ.*
Dombaslé.
Dompmartin.
c. Doncourt.
Dongeu. *Champagne.*
Dubuchet, v. Buchet.
Duhautoy, v. Hautoy.
Dun ou Dung.
Duval, v. Val.
Dyetz, v. Eltz.
Einville, v. Ainville.
c. Eltz ou Dyetz. *Allemagne.*
Epinal. *Franche-Comté.*
Epvre (Saint–).
Esch, v. Desch.
Esche ou Desche. *Luxembourg.*
Esne, v. Ayne.
Essey.
c. Ethe ou Dethe. *Luxembourg.*

Failly. *Ev. de Verdun.*
B. Falletans. *Franche-Comté.*
C. Faulx (la Grand). *Champagne.*
Fay ou Dufay. *Ev. de Verdun.*
Felin. *Barrois.*
C. Feltzberg. *Lorr. Allemande.*
Fénétrange. *Lorr. Allemande.*
Ficquémont.
Fléville.
Fligny, v. Fay.
*Florainville. *Luxembourg.*
Fontenoy, v. Frontenoy.
Forcelle.
Forcheu. *Barrois.*
C. Foul. *Ev. de Toul.*
C. Foultz. *Barrois.*
B. Fours ou Desfours.
Frasnel ou Fresnel.
C. Fresneaux.
Fresnel, v. Frasnel.
C. Frontenoy ou Fontenoy.
Galéan. *Italie.*
Gerbéviller.
Gerbéviller, v. Wisse.
Germiny.
C. Gironcourt.
Goin, Going et Coin. *Ev. de Metz.*
B. Gorcy, Gorcey, Gourcy. *Luxemb.*
Gourcy, v. Gorcy.
"Gournay ou Gronaix. *Metz.*
Grancey. *Bourgogne.*
Grand-Faulx, v. Faulx.
Guermange. *Lorr. Allemande.*
C. Hatstadt. *Allemagne.*
B. Han de Martigny (du). *Vermand.*
C. Hannoncelles. *Ev. de Verdun.*
Haranges.
Haraucourt.
Haroué ou Harowey.

Harowey, v. Haroué.
Haussonville.
C. Hauteroche. *Auvergne.*
Hautoy ou Duhautoy.
C. Helmstadt. *Palatinat.*
C. Herberstein. *Alsace.*
Herbéviller.
Hermoises, v. Armoises.
C. Heu. *Metz.*
Horville, v. Creuve.
C. Houécourt.
Housse. *Limbourg ?*
C. Housse (Sainte-). *Barrois.*
C. Hunolstein. *Allemagne.*
B. Ignon (Saint-). *Ev. de Verdun.*
Igny. *Champagne.*
Inteville, v. Dinteville. *Champ.*
C. Jaille (la). *Anjou.*
Jainville, v. Joinville.
Jallaucourt. *Ev. de Metz.*
C. Jandelaincourt. *Ev. de Metz.*
Jaulny.
B. Joinville ou Jainville.
C. Jussey. *Franche-Comté.*
Lajaille, v. Jaille.
Landres ou Lendres (Briey).
Lamarche, v. Marche.
Lamarck, v. Marck.
Lamothe, v. Mothe.
B. Landrexecourt. *Ev. de Verdun.*
Landry, v. la Tour.
Lapierre, v. Pierre.
Larappe, v. Rappe.
Laroche, v. Roche.
Latour, v. Tour.
Launoy. *Franche-Comté.*
Lavaulx, v. Vaulx.
Lencourt ou Leucourt.
C. Lénoncourt.

Létricourt.

Leucourt, v. Lencourt.

c. Liebestein. *Allemagne.*

Ligniville.

Ligny. *Champagne.*

c. Linange. *Allemagne.*

Liocourt ou Lyoncourt. *Ev. de M.*

Lisseras, Lixara. *Guienne.*

Livron. *Dauphiné.*

c. Loewenstein. *Palatinat.*

Longeville. *Ev. de Metz.*

Loup (Saint-).

Louppy. *Barrois.*

c. Lowyon ou Loyon. *Champagne.*

Lucy.

Ludres. *Bourgogne.*

Lunéville.

c. Lutzelbourg. *Luxembourg.*

c. Luxembourg. *Luxembourg.*

Lyoncourt, v. Liocourt.

c. Madruche. *Italie.*

c. Mailly. *Ev. de Metz.*

m *Mais. *Metz.*

d. Maiserot, Masurot et Mazirot.

c. Malain. *Franche-Comté.*

m *Malberg. *Palatinat.*

m *Mandres.

Menge (Saint-).

Manonville. *Barrois.*

Marche (la).

Marcheville. *Ev. de Verdun.*

Marck (la). *Westphalie?*

Marcossey. *Savoie.*

Marley. *Flandre?*

c. Marteau. *Champagne.*

Martigny, v. Han.

Masuroy. *Champagne.*

c. Mauléon de la Bastide. *Biscaye.*

Maulgiron. *Dauphiné.*

Maury (Saint-). *France.*

Mesnil-la-Tour. *France.*

* Mercy. *Barrois?*

Mitry. *Metz.*

c. Montarby. *Champagne.*

c. Montbelliard. *Wurtemberg ?*

Montclef. *Champagne.*

c. Montreux. *Franche-Comté.*

Montrichier. *Franche-Comté.*

Montson, v. Mousson.

More. *Allemagne.*

Mothe (la).

Mousson, Monçon ou Montson.

m. Myon ou Mion.

Nancy.

* Nettancourt. *Champagne.*

Neufchâteau.

Neufchâtel. *Franche-Comté.*

Noirefontaine. *Franche-Comté.*

Norroy, v. Nouroy.

Nouroy, Norroy et Noweroy.

Ogéviller ou Augéviller.

Oriocourt.

Ornes. *Ev. de Verdun.*

Ourches.

Oxey.

Oyselet. *Franche-Comté.*

c. Paffenhoffen. *Alsace.*

c. Pallan. *France.*

Parroye.

c. Pérelle. *Ev. de Verdun.*

c. Pierre ou Lapierre. *Flandre.*

Pierrefort. *Barrois.*

Porcelets ou Desporcelets. *Prov.*

Pouilly. *Champagne.*

Pulligny.

Ragecourt, v. Raigecourt.

m. Raigecourt ou Ragecourt. *Metz.*

Rampont. *Barrois.*

c. Rappe ou Larappe. *Barrois.*
Raucourt. *Ev. de Metz.*
Raville. *Ev. de Metz.*
c. Reinack ou Rinack. *Alsace.*
Richamin ou Richaminy.
Richardmesnil ou Richaminy.
Rinack, v. Reinack ou Rineck.
c. Rippelskrick. *Allemagne.*
c. Rivierre. *Bourgogne.*
Roche, v. Hauteroche.
Roche ou Laroche. *Ardenne.*
Romalcourt. *Ev. de Verdun.*
Rosières.
m. Roussel. *Metz.*
Roville, v. Raville.
Ruppe. *Barrois.*
Sailly. *Ev. de Metz.*
Saint, voyez la lettre du nom.
c. Salles ou Dessales. *Béarn.*
c. Salm. *Ardenne.*
c. Salvan.
Sampigny. *Barrois.*
Sancy.
Sarley. *Barrois.*
Sarney. *Bourgogne.*
Saulx. *Barrois.*
Savigny.
Seigne (Saint-). *Bourgogne.*
Séraucourt.
Sernay.
c. Sérocourt.
Serrières.
c. Siersberg. *Ev. de Trèves.*
Sirey, Cirey ou Sierck.
Sorbey. *Ev. de Verdun.*
Sorcey.
Souilly. *Ev. de Verdun.*
Sourgs ? *Barrois.*
Souxey ou Soxey. *Barrois.*

m. Stainville ou Steinville. *Barrois.*
Steinville, v. Stainville.
Tantonville.
Tavagny.
Tellot. *Franche-Comté.*
Thuilliers ou Tullier.
Tillon. *Anjou.*
Tonnoy.
c. Tornielle. *Milanez.*
Torschviller. *Alsace.*
Tour-Landry ou Latour. *France.*
Tour, v. Mesnil.
Tour en Woivre (la). *Ev. de Verd.*
c. Trestondan. *Franche-Comté.*
Tullier, v. Thuilliers.
b. Turquestein. *Alsace.*
c. Ubexey.
b. Val ou Duval. *Champagne.*
Vadoncourt, v. Vaudoncourt.
c. Valhey.
Varsberg, v. Warsberg.
Vaudoncourt ou Vadoncourt.
Vaulx ou Lavaulx. *Luxembourg.*
c. Vendières. *Barrois.*
b. Vicrange. *Ev. de Trèves.*
c. Vidrange et Widrange.
c. Vienne. *Ardenne.*
Vieux, Lesvieux ou Desvieux.
Ville.
Viltz, v. Wiltz.
b. Viviers. *Champagne.*
Warnesberg, v. Warsberg.
c. Warsberg, Varsberg. *Ev. de Trèv.*
Watronville. *Ev. de Verdun.*
c. Wiltz ou Viltz. *Luxembourg.*
c. Wisse de Gerbéviller.
Woivre, v. la Tour.
c. Xaintonge. *Anjou.*
c. Zétern ou Soetern. *Allemagne.*

NOMS MENTIONNÉS AU SIMPLE CRAYON

DE HUSSON LESCOSSOIS

et qui ne se trouvent pas sur la liste précédente (*).

Amoncourt.

Ancherins (des).

Ardres.

Aspremont de Marcheville.

Avant-Garde.

Baleicourt.

Bar-le-Duc.

Barrois-Moraingnes.

Baucourt.

Bauffremont, v. Challant.

* Berg.

Blâmont.

* Boetmer.

Boullenges.

Boulligny.

Bouvigny.

Brandenbourg.

Challant-Bauffremont.

Chardongne.

Chatel, v. Vienne.

Chaussée (la).

Cicon.

* Civalart ou Civelart-Frouart.

Clémery (Warin de).

Colord de Linden.

Cons-la-Grandville.

Cousance, v. Ville.

Ernecourt.

* Fleurigny.

* Fraine.

Franquemont.

Frouart, v. Civalart.

Grandpré, v. Joyeuse.

Grandville, v. Cons.

Hennemont.

Hézecque.

Issoncourt.

Jametz ou Jamais.

Joyeuse Grandpré.

Lambertye.

Lamezan.

* Lance (la).

Linden, v. Colore.

Malatour, v. Mars-la-Tour.

Mars-la-Tour ou Malatour.

Maurice (Saint).

Mérauvaulx.

* Mirecourt.

Moraingnes, v. Barrois.

Montpezat.

(*) A la suite de la liste dite de GODEFROID, HUSSON LESCOSSOIS a donné 272 articles historiques et généalogiques, concernant 209 maisons et familles, dont 72 ne sont pas mentionnées aux listes précédentes. Plusieurs d'entre elles sont réellement d'Ancienne Chevalerie. « *Le Simple Crayon utile et curieux.....* », 1674. Grand in-8°, très rare.

Les 9 noms précédés d'un astérisque, ont été interpolés à des époques diverses, et Boetmer, Fleurigny et Zweiffel ou Suéve, récemment.

Moranville.

Mouzay.

Mureau.

Mussey.

Orsan.

Ottanges.

Pierrepont.

   Prudhomme, v. Villers.

Radeval.

Rarécourt.

Receicourt.

* Reiffemberg.

Ranzières.

   Rhingraff ou Salm.

Ribolde.

Roucy.

Ruelle (la).

Sarrebruche.

Suzanne.

   Tessière, v. Urre.

Thommesson.

Toullon.

Triconville.

Urre de Tessière.

Varize ou Warize.

   Varnencourt, v. Warnencourt.

Vaubecourt.

Vaudémont.

Vienne-le-Chatel.

Vigneulles.

Ville-sur-Cousance.

Villers-le-Prudhomme.

Villers-aux-Vents.

   Warise, v. Varize.

Warnencourt.

* Zweiffel ou Suéve.

Il ne pouvait entrer dans le cadre de ce travail, de relever les erreurs qui se sont accréditées au sujet de l'Ancienne Chevalerie de Lorraine, ni de signaler les imperfections de cette illustre compagnie. Nous dirons seulement qu'elle formait un Corps social, politique et judiciaire, qui n'avait aucune analogie avec la Chevalerie errante ou des romans.

L'Ancienne Chevalerie Lorraine fut longtemps seule, et plus tard avec le Clergé et le Tiers, le plus ferme soutien des libertés publiques dans les Assises, les Assemblées et les États-Généraux, à une époque où la centralisation n'existait pas, alors que la force était disséminée partout, l'administration civile et la justice haute, moyenne et basse d'une paroisse, aux mains de plusieurs maires et de plusieurs seigneurs, l'armée derrière les palissades ou les murs de chaque forteresse.

A partir de Louis XIII et de Richelieu, elle perdit toute son influence. Sa dernière assemblée eut lieu à Pont-à-Mousson, le 7 février 1663.

L'ordre de la Noblesse la remplaça sans lui ressembler ; mais on ne le retrouve réuni qu'en 1787 dans les assemblées provinciales. Le 4 août 1789, il expirait avec l'ordre du Clergé et celui du Tiers dont la liste suivra.

NOBLESSE

DES TROIS ÉVÊCHÉS ET DU CLERMONTOIS.

———————◇———————

LISTE DES MEMBRES DE L'ORDRE DE LA NOBLESSE

DES BAILLIAGES AUTRES QUE CELUI DE METZ

Convoqués pour la nomination des députés aux Etats-Généraux de Versailles.

MARS ET AVRIL 1789. (*)

———————◇———————

le Marquis d'Alsace d'Hénin-Liétard (Jean-François-Joseph), chevalier, comte de Bourlémont, sgr. de Dion-le-Val et autres lieux, chambellan de S. M. I., lieutenant-colonel à son service. *T. Mirecourt*. Très illustre maison, représentée par le Prince d'Hénin qui possède encore le château de Bourlémont.

(*) Plus heureux que nous, MM. de la Roque et de Barthélemy, ont eu connaissance des procès-verbaux des bailliages de Thionville, Longwy et autres, que l'on nous mandait ne pas exister aux Archives Impériales (p. 7, l. 4, et p. 24, note, l. 3 et 17). Ils permettront d'user de leur *Catalogue*, pour parfaire ce travail spécial à la province des Trois Evêchés et du Clermontois, province qu'ils confondent dans la Lorraine, bien qu'elle en soit et en ait toujours été parfaitement distincte.

Le *Catalogue des Gentilshommes de Lorraine et de Bar* est l'un des meilleurs qui ait été publiés. L'ordre alphabétique adopté, rend les recherches et les vérifications plus faciles.

Il a été dit, page 5, que les Trois Evêchés et le Clermontois furent divisés en quatre arrondissements électoraux, ayant leurs siéges à Metz, Toul, Verdun et Sedan. On trouve ces quatre circonscriptions dans les deux parties du *Catalogue*.

Nous avons donné une liste générale de la province, pages 9 à 23 ; celle du bailliage de Metz, page 24 et sa députation, page 28. Nous ajoutons ici la liste

4

le Comte d'Amblimont, sgr. d'Amblimont, chef d'escadre des armées navales. *Mz.*

Angron, v. Augeron.

Anthouard, v. Watronville.

Archemont, v. Roussel.

Ardouin de St-Maurice, v. Milles.

d'Argicourt, v. Dorlodot (François-Charles et François-Louis), écuyers.

d'Arguel de Deux-Fontaines. *Th.* d'Argent de Deux-Fontaines.

d'Armont, v. Dorlodot (André et Louis-Marie), écuyers. *Cl.*

le Baron d'Armur (Louis-Gaëtan-Benjamin), chevalier, sgr. de Juvrecourt et la Grange Fouquet, capitaine au régiment Royal-Normandie, cavalerie. *V.* On trouve aussi Darmur.

les Baronnes d'Armur (Catherine et Sylvie), dames de Juvrecourt et la Grange Fouquet. *V.*

d'Arnauld (Jean-Jacques-Philippe). *Th.*

Arnoult, v. Prémont.

Arraincourt et Arincourt, v. Hugon, et Regnier, p. 21.

d'Asnières (de Carrey), sgr. de Dicourt et Bourvaux. *Vd.* Ce nom est représenté par MM. Jules et Anatole d'Asnières qui habitent Metz.

Aspremont, v. Oryot.

le Baron d'Attel de Weinsberg (Louis-Alexandre), major au régiment d'Auxerrois, chv. de St-Louis et de St-Lazare. *Vd.* p. 13. Ce nom

des autres bailliages rappelés, à la suite de chaque nom, par les lettres que nous indiquons ci-dessous avec la pagination du *Catalogue*.

Ces deux listes combinées offrent l'ensemble complet des membres de l'Ordre de la Noblesse qui n'étaient certainement pas tous gentilshommes. Les individus rappelés dans la première (p. 9 à 23), ont réellement pris part aux assemblées de la province et du bailliage de Metz, depuis 1787, tandis que celle-ci mentionne tous ceux *des bailliages autres que celui de Metz,* même les femmes, qui avaient le droit d'être appelés aux assemblées de 1789, pour la nomination des députés aux Etats Généraux seulement, en raison de leur qualité, ou de leurs possessions, ou de leurs charges, qu'ils y aient comparu en personnes ou par procureurs.

C.	Bailliage	de Carignan.	Livraison	2e,	page	21.
Cl.	—	de Clermont.	—	»	—	34.
L.	—	de Longwy.	—	1re,	—	30.
M.	—	de Metz.	—	»	—	27.
Mh.	—	de Mohon.	—	2e,	—	23.
Mz.	—	de Mouzon.	—	»,	—	23.
S.	—	de Sarrelouis	—	1re,	—	32.
Sd.	—	de Sedan.	—	2e,	—	20.
Sp.	—	de Sarrebourg et Phalsbourg.	—	1re,	—	34.
T.	—	de Toul.	—	2e,	—	24.
Th.	—	de Thionville.	—	1re,	—	32.
V.	—	de Vic.	—	2e,	—	25.
Vd.	—	de Verdun.	—	»	—	27.

est éteint, son dernier représentant a légué une bibliothèque remarquable à la ville de Verdun.

Aubermesnil, v. Lemoine.

Augeron (Marie-Prosper), chevalier, sgr. de la Tanchère, major de la ville de Sedan, chv. de St-Louis. *Sd.* Son fils épousa Marguerite Durand de Sorbey, sœur de Mme de Vernéville.

d'Avocourt, v. Bigault (Louis de), écuyer.

le Bachelé (Etienne-Louis et Louis-Etienne). *Vd.* D'une ancienne famille.

de Ballay et du Belloi, v. Dupré, p. 10 et 25. On trouve aussi Jean-Mathieu du Ballay, conseiller au parlement, sgr. de Bury et Bouzonville.

de Bancavilliers (Jeanne-Eude), dame *vouée* en partie de Toul. *T.*

Barchon, v. des Prez.

Barollière, v. Pilotte.

de Barville, sgr. en partie du Toupet et *des Dîmes* d'Assondange. *V.*

de Baudouin (François), écuyer, sgr. de Froidos. *Cl.*

le Vicomte de Bausset (Joseph), chevalier, capitaine au régiment de Guienne, chasseurs. *T.* de Beauvert, chv. de St-Louis, *Ann. Milit.*

de Bazinval, v. Brossard (Pierre de), écuyer.

le Marquis de Beaurepaire (Marie d'Hamlin). *V.* Amelin de Rochemorin, p. 10, 21, 25.

de Belvau, v. Bonnay (Charles-François de), *chevalier, écuyer. Cl.*

Bellegarde, v. Manse et p. 11, 12, 25.

de Béran de Courville (Christophe), *écuyer et prêtre,* sgr. en partie de Thonne-les-Prés. *C.*

de Béran Darincourt (Charles-François), écuyer, capitaine au régiment de Bretagne, chv. de St-Louis, de St-Lazare et de N.-D. du Mont-Carmel, sgr. d'Haranchamp. *C.*

les Comtesses de Bercheny (Madeleine-Catherine et Marie-Anne), dames de *Dieue. Vd.* Famille étrangère alliée au Marquis de Pange, mestre de camp, colonel en second du régiment de Bercheny, hussards.

de Bermont du Caylar d'Espondeilhan (Ignace), chv. de St-Louis. *Vd.* On lit p. 11 et 20 : Bermont de Pondeillas. On trouve aussi Jacques de Bousmard (Bermond), de Caylar-d'Espondeilhan, chevalier, chef de brigade, sgr. de Moranville. *Etain.*

Bertrand, sgr. de Boucheporn, chanoine. *V.* Cette famille est bien connue à Metz, par les hautes fonctions qu'elle a exercées. Deux de ses membres furent préfets du Palais de Louis Bonaparte, roi de Hollande, et du Roi de Westphalie. Elle est encore dignement représentée.

le Chevalier de Bertrandy (Marie-Philippe-Hubert), commandant pour
le Roi à Rodemacker. *Th.*

de Béthizy (Eugène-Eustache), sgr. de Mézières, Campvermont, maréchal des camps et armées du roi, inspecteur général d'infanterie,
commandeur de St-Louis, L. Gouverneur de Longwy depuis le 13
novembre 1750. Les marquis de Béthisy existent encore.

de Bigault. Cette famille compte 21 membres, la plupart, officiers et
chv. de St-Louis, appelés aux assemblées de Clermont. On y distingue
les Bigault d'Avocourt, de Boureuille, de Cazanove, de Fouchère, de
Grandrupt, de Grenet, de Maisonneuve, de Parfonru, de Préfontaine,
de Signemont, etc. *Cl.* Exemple marquant de l'utilité des surnoms
de fiefs, pour empêcher la confusion dans les familles nombreuses.

de Billaut (Gaspard), chevalier, sgr. de Wally et Seigneul, ancien capitaine au régiment Royal-Barrois, chv. de St-Louis. *Cl, Bar.*

le Chevalier de Billaut (Jean-François-Gaspard), sgr. de Marville,
officier au régiment Royal Champagne, cavalerie. *Cl.*

de Bock (Jean-Jacques-François). *Th.* p. 11, 25.

Bohan, v. Chevardière.

Boisragon, v. Chevaleau.

de Bongard (Charles), écuyer. *Cl.*

de Bonnay (Jacques), lieutenant-colonel d'artillerie, chv. de St-Louis.—
Pierre, écuyer, sgr. de Malberg. — Gabriel, écuyer, sgr. de Vertpi-
gnon. — Charles-François de B. de Belvau, *chevalier, écuyer.* — Ferdinand et Jacques-Louis de B. de Nonancourt. *Cl.*

de Bonnaire (Didier), écuyer, chef d'escadron au régiment de Bercheny,
hussards, chv. de St-Louis. *Cl.* Ce nom est représenté à Metz.

Boucheporn, v. Bertrand.

Boudet de Puymaigre, sgr. de Tragny. *V.* p. 11, 25.

le Chevalier de Boulon, sgr. de Sivry-au-Val et de la *vouerie* de Dieulouard, et Philippe de Boulon. *Vd.*

de Bourbon, Prince de Condé (Mgr. Louis-Joseph), comte de Clermont,
Stenay, Dun et Jametz, pair et grand maître de France. *Cl.* C'était
l'aïeul du duc d'Enghien et le père du dernier Condé.

Bourcier de Mondeville. *S.*

de Boureuille, v. Bigault (le Chevalier Jean-Jacques de). — François-
Nicolas (de), écuyer. — Nicolas-Remy (de), écuyer. *Cl.*

le Bourgeois du Cherray (Jacques-Dominique-Laurent), sgr. de Mairy
et Dugny, ancien capitaine de cavalerie, garde du corps du roi, chv.
de St-Louis. Le *Catalogue* de la Lorraine porte : Ducheret, sgr. de

Mairy. (*Mouzon*, liv. 2e, p. 23). Sa fille épousa Jacques Tardif de Moidrey, capitaine au corps royal des mineurs, dont MM. de Moidrey et le général en chef de l'armée chinoise mort glorieusement à la tête de ses troupes, sont les petits fils, p. 11, 22, 25.

Bourlémont, v. Alsace.

de Bouteiller (François-Louis), écuyer, seigneur de Riaville, Saulx-en-Woivre et Pintheville en partie. *Vd.* Jean Hyacinte de Bouteiller, son cousin, chevalier, conseiller et premier président au parlement Nancy, mourut en 1820, laissant un fils décédé à Metz, il y a quelques années, général de division d'artillerie et représenté par M. Ernest de Bouteiller, ancien capitaine d'artillerie.

de Bouteiller, dame de Ville-en-Woivre. *Vd.* Jean-Baptiste de Bouteiller, écuyer, sgr. de Brandecourt et de Ville-en-Woivre.

Brancion, v. aussi Raguet, p. 11.

Brassac, v. Perrin.

Brière, v. Desguyon.

Briey (Nicolas comte de), v. Lespine ou l'Espine de la Claireau.

de Brissac (Jean-Baptiste-Isaac), écuyer, sgr. du vieux et nouveau Soxey, la Colombe, Pencheugnon, Monplaisir. *L.*

de Brossard (Charles-François), ancien officier au régiment de Chartres, infanterie. — Louis de Brossard.—Pierre de Brossard de Bazinval.—Louis de B. de Mara. — Louis de B. de Salcourt. — Claude de B. de Trois-Fontaines. *Cl.*

le Chevalier de Bruck (Jacques-Louis-Henri). *Th.*

de Cabanes (Charles-Guillaume), le cadet, *Th.* p. 12. Serait-ce Guillaume de Cabanes, chevalier, sgr. de Luttange, capitaine au régiment de l'Ile de France, marié à Agnès Baltus, fille de l'annaliste Messin ? Cette famille existe encore.

de Cabanes (François-Dominique-Marie-Thérèse), l'aîné. *Th.* p. 12.

de Cabanes de la Prade (Jean-François), écuyer, capitaine commandant au corps royal d'artillerie des Colonies. *V.* p. 12.

de Cabouilly (François), écuyer, conseiller au parlement, sgr. de Raucourt et du Toupet. *V.* Frère de Charles-Antoine de Cabouilly, p. 12.

Cantel Desbrulis (Paulin), receveur général du tabac à Sedan.

de Carrey, v. Asnières.

de Carrière (François-Joseph), écuyer, ancien officier d'infanterie. *Vd.*

de la Cassaigne de St-Laurent (Louis-Charles), chevalier, ancien officier. *Cl.*

Caylar, v. Bermont.

Caza–Major de Monclarel (Luce-Louise), veuve de François-Joseph Férotin de Montagnac, chv. de St-Louis. *Sd.*

de Cazanove, v. Bigault (Charles et Charles-Pierre de). *Cl.*

le Comte de Chamisso, sgr. en partie de Thonne. *C.* Ancienne maison de Champagne encore nombreuse.

de Chappui. *S.*

Chardon de Watronville (Jean-François), écuyer, sgr. de Breux, officier au régiment de Champagne. *C.*

le Comte de Chartogne (Claude-Antoine), chevalier, sgr. de Pimodan, ancien capitaine au régiment de Chartres, infanterie. *Cl.*

de Chartogne (Martin), chevalier, sgr. de Pimodan, ancien officier au régiment d'Orléans, infanterie. *Cl.* Husson, écrit Chardongne, p. 39. On trouve aussi Chartongne. *Ann. milit.* et Chartognes.

Chastel d'Oriancourt de Villemont (Louis-Antoine-Benjamin), sgr. de Boinville. *Vd.*

de Chatillon, sgr. de Port-sur-Seille. *V.* Le comte de Ludres était aussi sgr. de Port-sur-Seille p. 18.

de Chauvelin (Charlotte-Ferdinande), veuve de Marie-Louis-Charles de Vassinhac, Vicomte d'Imécourt, comte de Loupy et Brandeville, mestre de camp de cavalerie, major du corps de la gendarmerie, tutrice de ses trois enfants mineurs. *Cl.* et *Mz.* v. Imécourt.

Chavigny, v. le Roy.

le Marquis de Chérisey. v. p. 12. Louis Marquis de Chérisey, mourut en 1827, lieutenant général, grand-croix de St-Louis. Charles-Louis-Prosper Marquis de Chérisey, maréchal de camp, colonel d'un régiment de la garde royale, chv. de St-Louis, commandeur de la Légion-d'Honneur, est mort en 1837. Le Comte de Chérisey, son frère, ancien officier d'état-major, officier de la Légion-d'Honneur, existe encore. *Pm.*

Chevaleau, Comte de Boisragon (Armand), chevalier, sgr. de la Chenaye, capitaine au régiment de Chartres, infanterie, chv. de St-Louis. *Sd.*

de la Chevardière de Bohan (Guillaume-François), sgr. en partie de Cons la Grand-Ville. *Sd.*

de la Chevardière de la Grand-Ville (Antoine-François), sgr. dudit lieu, capitaine au régiment de Bouillon, chv. de St-Louis. *Sd.*

de la Chevardière (Elisabeth-Françoise), dame en partie de Cons la Grand-Ville. *Sd.*

Chevardière, v. la Mock.

le Comte de Choiseul, sieur de Marchéville. *Vd.* Ancienne maison de la chevalerie Lorraine.

le Chevalier de Choiseuil, sieur de Marchéville. *Vd.*

de Choiseul, Comtesse de Montluc, dame d'Haboudange. *V.*

le Baron de Cholet de Clairey (Jean-Henri), chevalier, sgr. de Taillamont, Clairey-la-Côte et Jubainville. *T.*

Cidoux (saint), v. Gruthus.

de Clément (Jacques-François). *Th.*

le Clerc de Landremont (Charles-Hyacinthe), écuyer... p. 18.

le Clerc, sgr. de Bathelémont-lez-Bauzemont, v. le Clerc de Landremont, p. 18. *V.*

Cliquet, v. Robin.

de Cognon (François-Henri), capitaine au corps des mineurs, chv. de St-Lazare. *Vd.*

de Cognon (Marie-Françoise), veuve de François-Augustin-Joseph, Comte de Jobert ou Jaubert, dame d'Haraucourt. *Cl.*

Colvigny, v. Garaudé.

le Comte, sgr. *des Fiefs des Eaux* de Mulcey. *V.*

le Comte de Grammont (Charles-Philippe-Jean-Baptiste), écuyer. *V.*

de Condé (Gabriel et Louis-Ferdinand), écuyers. *Cl.*

Cons la Grand-Ville, v. Chevardière.

de Cordai (Pierre-Jacques), chevalier. *V.*

de Coste (Joseph), chv. de St-Louis, v. Watronville.

Cottière, v. Jacob.

le Comte de Coudenhoven (Philippe-Alexandre-Joseph), chevalier, sgr. de Vaudoncourt, Cunel et Morainville. *Vd.* et *Etain.*

le Baron de Coudenhoven (Joseph), chevalier, sgr. d'*Icreville*, Cunel, chv. de St-Louis. *Cl.*

le Baron de Coudenhoven (Philippe-François), sgr. de Vaudoncourt et en partie de la Folie, chv. de St-Louis. *Vd.*

de Coudenhoven (Philippe-Théodore-Alexandre-Joseph), chevalier, sgr. de Cunel Villosne. *Cl.* Ancienne famille existant encore.

de la Cour (Claude-François), sgr. en partie de Pintheville. *Vd.* Cette famille est représentée par M. Nicolas de la Cour, ancien maître des requêtes, sous-directeur au ministère des Cultes.

de la Cour (François-Louis-Joseph), chevalier, sgr. de Jupille. *Cl.*

Cour. v. Drouot.

Courville, v. Béran.

de Cronders. *S.*

Csernek, v. Dessöffy.

de Cueillette de Vassoncourt, dame de Bellange. *V.*

de Curel (Nicolas-François), chevalier, des anciens sgrs. de Curel, sgr. à Royaumeix et Xonville, capitaine au corps royal du génie, chv. de St-Louis. *T.* et *Thiaucourt.* On trouve au bailliage de Mirecourt, Hyacinte de Curel, chevalier, des anciens sgrs. de Curel, p. 13.

le Marquis de Custine, sgr. de Guermange. *V.* p. 13. Cette maison est éteinte.

- le Comte de Custine, sgr. des *Bachats* ou Abats. *V.* p. 13.

le Comte de Custine de Mandres, sgr. de Moiry. *C.* p. 13.

le Comte de Custine de Wiltz, sgr. d'Auflance. *C.* p. 13.

le Comte de Custine de Wiltz et Loupy (Théodore-François-de-Paule), chevalier, sgr. de Villers-le-Rond. *Cl. Vd.* p. 13.

la Comtesse de Custine de Wiltz (Marie-Thérèse), dame d'Inor, Malandry, Sarre, Brandeville, etc., veuve de Innocent-Marie de Vassinhac d'Imécourt, chevalier, sgr. d'Imécourt. *Vd.* et *Mz.* v. Imécourt.

de Saint-Cyr (Marie-Thérèse), veuve de Joseph-Léonard de Saint-Cyr, chv. de St-Louis. *Cl.*

Dattel, p. 13. v. Attel.

Dedon du Clos (Jean-Louis), écuyer, maréchal des camps et armées du roi, chv. de St-Louis. *T.* p. 13. Dedon de la Ronde.

Delahaut (Charles-Joseph), avocat au parlement, ancien conseiller, procureur du roi, bailli et lieutenant général au bailliage d'Ivoy-Carignan, député à l'assemblée provinciale et à celle du district, pour *l'Ordre du Tiers.* de la Haut. *C.*

Delverth et d'Elpert (Antoine-Guillaume, Joseph-Armand et Joseph-Louis), sgrs. de Bourscheidt. *Sp.* On trouve Michel d'Elvert, sgr. de Bourscheidt et de Zillingen, conseiller au conseil souverain d'Alsace de 1719 à 1757.

Demaret, sgr. de Gremmecey. *V.*

Desandrouins (Jean-Nicolas), sgr. du *ban des Ecuyers* à Dombasle, maréchal de camp des armées du roi. *Vd.* On trouve aussi des Audrouins.

Desbrulis, v. Cantel.

Desegaulx (Jean-Bernard-Elie), capitaine au régiment de Beaujolais. *Sd.*

Desgodins (Michel et Hyacinthe), sgrs. de Fresne. *Vd.*

Desguyon de la Brière (Jacques), écuyer. *Cl.*

de Desse (Jean-François-Olivier), écuyer, conseiller au bailliage de Carignan. *C.* On dit aussi d'Esse.

Le Comte Dessöffy de Gsernek et Tarko (Jean-François-Philippe), Magnat de Hongrie, chevalier novice des ordres royaux et militaires de N.-D. du Mont-Carmel et de St-Lazare, sgr. de Villosne, capitaine au régiment Colonel Général, hussards. *Cl.* Cette famille, originaire de Hongrie, existe encore.

Dorival de Fignamont (Jean-François-Félix), écuyer, sgr. des fiefs de la Coue et de la Corne, président de la cour souveraine et commissaire général des ville et duché de Bouillon. *Sd.*

Dorival du Houleux (François-Louis), sgr. du Houleux, officier au régiment de Bouillon, infanterie. *Sd.* François Durand, inspecteur des eaux et forêts, épousa Françoise-Thérèse Dorival du Houleux, dont plusieurs enfants, et entre autres Mme la Comtesse du Coëtlosquet.

Dorlodot d'Armond (André et Louis-Marie), écuyers. — d'Argicourt (François-Charles et François-Louis), écuyers. — des Essarts (Charles-Alexandre, Charles-François, Claude et Louis-François), écuyers. — de Vermonchamp (Henri). *Cl.*

Drouart de Lezey, sgr. en partie de Lezey. *Sp.*

Drouot ou Drouet de la Cour (Nicolas), chevalier, sgr. de Villers-sur-Meuse, St-Maurice et Branville. *Vd. St-Mihiel.*

Drouot de Villers (Christophe-Hubert), chevalier, sgr. d'Esne, Villers-sur-Meuse, ancien officier au régiment des Gardes françaises, fils du précédent. *Cl. Vd.*

Ducheret, sgr. de Mairy. *Mz.* v. Le Bourgeois du Cherray.

Duchomois, v. Thomassin.

Dugaz (Louis), chv. de St-Louis. *Vd.*

Dugroux de Lirac (Louis-Joseph), chevalier, ancien officier au régiment d'Orléans. *Cl.* (Duhoux) ?

le Chevalier Duhoux (Louis-Benoît), ancien capitaine d'infanterie, chv. de St-Louis. *Mz.*

Duhoux (François et Louis), écuyers. — de Grandcourt (Claude et François-Louis), écuyers. — de Montigny (Jean), écuyer. *Cl.* Cette famille n'est pas la même que les Houx de Vioménil.

Dumas de Culture (Charles), chevalier, lieutenant de Roi, commandant de Marsal, chv. de St-Louis. *V.* p. 13, le Chevalier de Culture.

Duménil (Jeanne-Thérèse), dame de Séraumont. *T.* v. aussi Mesnil.

Dupré de Ballay (Marie-Alexandre), conseiller au bailliage de Clermont. *Cl.* Procureur syndic de l'assemblée du district en 1787, pour *l'Ordre du Tiers.* — Duprez du Belloi, aff. des Ev. et de Lor. 1787, p. 282, 283 et ci-devant p. 10, 25.

Ecosse (Claude d'), écuyer, sgr. de Favry, v. Julien et p. 14.

Elpert, Elvert, v. Delverth de Bourscheidt.

l'Escamoussiers, v. Moyen, Paviot.

d'Espinette, v. Spinette.

d'Espondeillan. *Vd.* v. Bermont et Pondeillas, p. 11 et 20.

des Essarts et Dessarts, v. Dorlodot (Charles-Alexandre, Charles-
François, Claude et Louis-François), tous écuyers. *Cl.*

d'Essaulx (François-Louis-Gabriel), chevalier, seigneur des deux Bou-
lain et d'Inor, capitaine au régiment de Monsieur, infanterie, chv.
de St-Louis. *Cl. Manuel de la Meuse.*

le Baron d'Essenbach Zweyer, ou d'Issenbach de Zweyer, commandeur
de l'ordre teutonique, à Becking. *Sp. Bouzonville.*

d'Essophi, v. Dessöffy de Csernek.

d'Estagniol (Gabriel-Nicolas), lieutenant des maréchaux de France au
dépôt de Stenay, chv. de St-Louis. *Mz.* On lit aussi d'Estaniol.

le Comte d'Estagniol (Nicolas-Louis), chevalier, sgr. de St-Pierre-
sur-Vence, Champigneulle, ancien capitaine de cavalerie, chv. de St-
Louis, lieutenant des maréchaux de France, grand bailli d'épée des
villes et bailliages de Sedan, juge du point d'honneur de la noblesse
des villes de St-Pons, Lodève, Agde et Pézénas, député aux Etats-
Généraux, *Sd.* On lit d'Estagnol.

le Baron de Failly. *C.* Maison de l'ancienne chevalerie de Lorraine,
existant encore en France et en Belgique.

de Failly (Jean-Baptiste-Madelaine), chevalier, seigneur de Villemontry,
Girandeau, etc. *Sd.*

de Failly (Jean-Charles), chevalier, sgr. de la Neuville, chv. de St-
Louis. *Cl.*

le Baron du Faing (Charles-Bernard), ancien commandant d'infanterie,
chv. de St-Louis, maire de Longwy, p. 14.

de Fayolle. *Th.* La famille Faure de Fayolle, originaire du Périgord, re-
monte à l'année 1420.

de Finance (Charles-Louis-François-Marie et François), écuyers. — de
Launois (Gabriel), écuyer.

de Fischer (Thomas-Frédéric), sgr. de Boncourt, la Plume, la Tronche
et Grimaudet, ancien major de cavalerie, chv. de St-Louis. *Vd. Etain.*
Pierre-Alexandre-Chrétien Fischer de Dicourt, commandait en second la garde nationale de Metz en 1790. Il est représenté par Mme de
Wendel, douairière, et par Mme de Vassoigne.

La Fite, Vicomte de Pelleporc (Claude-François-Agapeth), sgr. de Landrexecourt. *Cl.*

Florimond, v. Masson.

Forcel, v. Olivier.

de Foucault (Jean), écuyer. *Cl.*

de Fouchère, v. Bigault (François et André-Louis de), écuyers. *Cl.*

le Marquis de Fouquet d'Auvillard (Jean-Gabriel-René-François), lieutenant général des armées du roi, pour la province des Trois-Evéchés et du Clermontois. *Th.* Il ne laissa que deux filles, mariées, l'une au Vicomte de Bertier de Sauvigny, maréchal de camp, décédé en 1848, l'autre au Vicomte de Gourgues. Le comte de Fouquet, son frère, n'eut également qu'une fille qui épousa le Baron de Montigny. Le nom de Foucquet, aujourd'hui Fouquet, est éteint, p. 15, 26.

de Fouquet, sgr. de Bistenloff, etc. *V.*

Fournel (Jacques-Pierre), écuyer, sgr. de Rouvaux. *Vd.*

Fournier, sgr. de Bathelémont-lez-Bauzemont. *V.*

de Franchessin (Gaspard-Louis), l'aîné. *Th.* Son frère était capitaine commandant du régiment de Champagne et chv. de St-Louis, v. p. 15.

Galbau de Frémestroff, (Barbe Smith, veuve de Jean-Henri-Christophe), *Th.* M. Adolphe-Henri de Galbau de Vaudrevange, Mme la Baronne de Salis et Mme de Lasalle sont ses représentants.

le Chevalier Gallaut (Charles-Antoine), ancien commissaire des guerres, sgr. de Pouru-au-Bois, de l'assemblée du district de Sedan. *C.* de Galland, p. 15. Ch. Galand. *Ann. milit.*

de Gallonier, dame de la *Vouerie* de Betting-Bas. *V.*

Garaudé de Colvigny (Nicolas), écuyer, *Vd.* — Michel Garaudé, écuyer, président honoraire au présidial de Verdun, ancien maire de cette ville, avait été nommé par le Roi député à l'assemblée provinciale, pour l'*Ordre du Tiers.*

de la Garde de Fâche, sgr. d'Erbéviллé-Lanoy, *V.*

de Garnier du Pertuy (Nicolas). *Th.* Parent des Garnier de Montereau.

Gautier de Rigny (Jean-François), chevalier, sgr. de la Tour, Bois-Gourmont, ancien capitaine de cavalerie, chv. de Saint-Louis. *T.* Gauthier de Vigny, p. 15.

Gehon (François), sgr. d'Aix. *Vd.*

de Gelée (Jean-Baptiste), chevalier, sgr. du Chesnois, ancien officier d'infanterie. *Cl.*

de Gellenoncourt (le Commandeur). *Sp.*

de Gentil (Jean-Baptiste-Charles-Madelaine), chevalier, sgr. de Lyon-devant-Dun. v. Gruthus. *Cl.*

Geoffroy (Marie-Marguerite), veuve d'Étienne le Lièvre, ou de Liepvre, écuyer, commissaire des guerres. Dame *vouée* de Toul. *T.*

le Comte de Gévigny (Charles). *Th.* p. 16. On trouve Jean-François de Pointe de Gévigny, chevalier, sgr. de Meilbourg, grand bailli a'épée à Thionville en 1724.

le Comte de Gévigny de Kanfen (Théodore), président de la noblesse du bailliage de Thionville, p. 16.

la Comtesse de Gévigny de Pointe, dame de Lombut. *C.* p. 16. v. Hézecques.

Gigon de Saint-Simon (Pierre-François), chevalier, sgr. de Saint-Simon, commandant pour le roi de la ville et château de Sedan. chv. de St-Louis. *Sd.*

Gilvescourt (Martin de), v. Julvécourt.

le Chevalier de Girard (Georges-Michel-Joseph). v. p. 16 et 21, Girault de la Roche.

Girouzière, v. Malet et Mulet.

de Goest, secrétaire de l'assemblée du district de Thionville pour le *Tiers. Th.*

Grammont, v. le Comte.

le Baron le Grand (Remy-Charles), chevalier, sgr. de Chambrey, lieutenant au régiment de Condé, infanterie. *V.* Il est dit aussi Baron de Chambrey, *Ann. milit.*

Grandcourt, v. du Houx.

le Baron de la Grange (Valérien-Aimé-Claude-Louis), sgr. de Mérauvaux. *Vd.*

de Grandrupt, v. Bigault (Charles-François et Jean-Louis), celui-ci, ancien maréchal des logis des gardes du corps, chv. de St-Louis.

Grand-Ville, v. Chevardière.

de Grenet, v. Bigault (Charles-François de), capitaine au régiment de Besançon, artillerie. *Cl.*

Grenet de Florimond (François), écuyer sgr. de Ville-sur-Cousance, et Nicolas-François. *Cl.*

Grenet de Florimond (Agathe, Antoinette et Marie), dames d'Autrecourt. *Cl.*

le Chevalier de Grimouard (Henri-Barthélemy), lieutenant-colonel d'infanterie, chv. de St-Louis. *Vd.* N'est-ce pas Grimoard ?

le Groz (Armand-René-Joseph), sgr. de la Roche, capitaine au régiment d'Austrasie, chv. de St-Louis. *Vd.*

de Gruthus (Catherine-Nicole), veuve de Charles de Gentil, chevalier, sgr. de Vivier. *Cl.*

de Gruthus de Sauvoy (Charlotte-Françoise), et Louise de Gruthus de Saint-Cidoux. *Cl.*

Guerre (Jean-Alexandre), écuyer, sgr. de la *Vouerie* de Xeuilly. *T.*

de Guillermin (Alexandre), chevalier, sgr de Chappy, chev. de l'ordre de St-Étienne de Toscane. *Cl.* Il existait des Guillermin, sgrs. de Corny et de Jouy.

Guillon de Ville (Mathieu), *écuyer*, *chevalier*, sgr. de Ville-sur-Cousance. *Cl.*

des Guyots (Jean-François), écuyer, sgr. de Remezing, ancien officier au régiment de Bauffremont. *V.*

Hallon (Jean-Charles), maréchal de camp des armées du roi. *Vd.* Ce doit être Jean-Charles Hallot qui suit.

Hallot (Jean-Charles). *Vd.* Famille de robe de la ville de Verdun.

d'Hamlin (Marie), Marquis de Beaurepaire. *V.* Amelin de Rochemorin, p. 9, 10, 21.

Hannaire, v. Vieville (Charles de), p. 23.

d'Hardouyneau (Antoine), chevalier, sgr. de Manes et des Fontaines, capitaine au régiment de Penthièvre, infanterie. *T.*

d'Hardouyneau (Louis), chevalier, ancien brigadier des gardes du corps, chv. de St-Louis. *T.* On trouve Hardoineau, chv. de St-Louis en 1823, et Hardouineau.

le Comte d'Haussonville, sgr. de Bénestrof. *V.* Cléron d'Haussonville. Maison de l'ancienne chevalerie de Lorraine, représentée par l'auteur de l'histoire de la réunion de la Lorraine.

de la Haut, v. Delahaut.

Hayange, Moyeuvre et Styring, v. Wendel. L'un des centres industriels les plus anciens de la province, devenu des plus importants du pays.

le Comte d'Hellimer. *V.*

le Comte d'Helmstadt, sgr. de Hainguezangue. *V.* Ancienne chevalerie.

Hémard (Jean-Baptiste-Claude), écuyer. —Louis, ancien officier de cavalerie.— François-Xavier, ancien officier d'infanterie. *Vd.*

Hénin Liétard, v. Alsace.

de Hennezel (Charles-Nicolas), chevalier, sgr. pour un quart dans la *vouerie* de Penneron. *T.* Famille encore nombreuse.

Henry (Maurice-Louis), écuyer, sgr. d'Aulnois et du sixte d'Haudioncourt. — Louis-Joseph, sgr. de Manheulle. *Vd.*

d'Herbemont (Henri), chevalier, sgr. de Charmois, d'Hennemont. Cette maison est représentée par M. de Béranger, fils adoptif du Comte d'Herbemont.

d'Heyme (Barbe), veuve de Charles-Joseph de Valory, dame de la *vouèrie* de Blenod. *T.*

de Hézecques (Luce-Louise), veuve 1° de Louis-Joseph Baron de Pouilly, 2° de Joseph, Comte de Gévigny, dame de Moxeville, etc. *Cl.*

de Horn, chevalier, seigneur de Tetting. *V.*

l'Hoste de la Motte de Remlinger (François). *Th.*

Houleux, v. Dorival.

le Baron du Houx de Vioménil, *V.* Très ancienne maison. v. Duhoux.

le Chevalier d'Huart (Jean-Dominique), capitaine au régiment provincial de l'artillerie de Metz. *C.* Ancienne famille, originaire de Belgique, où elle compte plusieurs membres et entre autres le Baron d'Huart, ministre d'Etat. Elle est représentée en France par Mme de Serre et par MM. d'Huart qui habitent Metz et Bouxieres.

de Hugon d'Arraincourt (Pierre), sgr. audit lieu. *V.* v. Regnier d'Arraincourt, p. 21.

Hugonin de Launaguet (Jean-Victor), écuyer, ancien capitaine d'artillerie, chv. de St-Louis. *T.* Originaire du Languedoc.

Humbert (François-Louis), sgr. de Morey. *Vd.*

les Comtes d'Hunolstein, Philippe-Antoine et Philippe-Charles. *Vm.* p. 17.

le Chevalier de Huvé. *Vd.*

la Comtesse de Saint-Ignon (Marie-Appoline), *Vd.* p. 17.

Imécourt, v. Vassinhac, Chauvelin, Custine.

la Marquise d'Imécourt, Comtesse de Custine Brandeville, dame de Malandry. *C.*

Issenbach, v. Essenbach Zweyer.

de Jacob de la Cottière (Jean-Louis-Victor). *Th.*

de Jandin (Antoine-Gabriel). *Vd.*

le Comte de Jaubert (Louis). *Th.* et François-Augustin-Joseph, Comte de Jaubert ou Jobert, v. Cognon.

de Julien (Louise-Françoise), veuve de Claude d'Ecosse, écuyer, sgr. de Favry. *Cl.* — Marie-Angélique Julien de Villerac, dame de Ville-en-Woivre, veuve de M. de Huguen ou Hagen. *Vd.*

de Jullot (Pierre, François, Jean, Joseph, Louis et François), tous écuyers. *Cl.*

Julvécourt, v. Martin.

le Baron de Klinglin, sgr. de Monkenhoff. *Sp.* Le Baron de Klinglin représente ce nom avec ses deux filles, les Comtesses de Bertier de Sauvigny et de Menthon. v. Kegelin, p. 18.

le Baron de Klopstein (Nicolas-Louis), chevalier, gentilhomme de la chambre du Prince de Hohenlohe, chevalier de l'ordre du Phénix. *T.*

Labauche (Louis, Louis et Louis-Pierre), écuyers. *Sd.*

Lagarde (Gabriel), secrétaire de l'assemblée de la noblesse des prévôtés de Sarrebourg et Phalsbourg.

le Comte de Lambertye (Jean-Pierre), sgr. de Cosme, Birring, Bitteting, commandant pour le Roi au gouvernement de Sarrelouis, chv. de St-Louis, bailli d'épée au bailliage de cette ville. Président de la noblesse du bailliage. *S.* p. 18.

la Comtesse de Lambertye, dame de Milberg. *V.* p. 18.

le Chevalier de la Lance (Jean-François), sgr. d'Ancemont. *Vd Bar.* Ce nom était représenté à Metz par le Baron de la Lance, chv. de St-Louis, et aujourd'hui par Mme Auguste Mennessier. Il existe d'autres membres de cette famille.

de la Lance (Claude-Nicolas), écuyer, sgr de Frémerville ou Fromereville et de St-André, chv. de St-Louis, député de la noblesse de Verdun et de Marville à l'assemblée du bailliage. *Vd. Cl. Bar.*

de la Lance (Gabriel-Antoine), sgr. de Villiers devant Mangienne. *Vd.*

la Vicomtesse de Landres, à Iré-les-Prés. *C.* Il ne faut pas confondre les Landres-Maillard, avec les Lendres-Briey.

de Lasalle de Preische (Antoine). *Th.* p. 18. On lit de La Salle.

de Lassus (Joseph-François), lieutenant-colonel au régiment d'Austrasie. *Vd.*

Latude et la Tude, v. Vissec.

Launaguet, v. Hugonin.

Lemoine d'Aubermesnil (Jacques-Nicolas), chevalier, major de la citadelle de Verdun, chv. de St-Louis. *Vd.*

de Lespine de la Clairaux, veuve de Nicolas Comte de Briey de la Clairaux ou la Claireau, dame d'Allondrelle et la Malmaison. *Vd.* La maison de Briey, de l'ancienne chevalerie de Lorraine, est représentée en France dans l'armée et les ordres, et en Belgique par le Comte Camille de Briey de la Claireau, ancien ministre et ambassadeur.

le Comte de Léviston (Alexandre-Louis-Gabriel), sgr. de Reicourt. *Vd.*

de Léviston (Jean-Louis), chevalier, des Comtes de Léviston, chv. de St-Louis. *T.*

Liétard, v. Alsace.

le Vicomte de Ludres, sgr. de Port-sur-Seille, p. 18.

le Comte de Lutzelbourg, sgr. de Bille. *Sp.* Ancienne chevalerie de Lorraine.

le Lymonier de la Marche (Jean-Baptiste-Paul), chevalier, sgr. de Chovatel, membre né des États de Bretagne. *T.*

Macklot (Jean-Joseph), chevalier, sgr. de Furst et Folcheviller, gentilhomme de la chambre du Roi, *V.* p. 18.

de Maillard de la Martinière (Jean-Baptiste-François-Joseph), sgr. de Thonne-le-Thil, capitaine au régiment de Poitou. *C.* Neveu des deux précédents, il mourut à Marville, en 1835, chef de bataillon, chv. de St-Louis, p. 18.

de Malaumont (Joseph-Pierre), écuyer, sgr. de Braux et Naives en partie. *T.*

Mandres, v. Custine.

Manguay (Philippe), écuyer, sgr. de Hillering et Betting, conseiller auditeur au parlement, chambre des comptes. *V.* Louise Alma Manguay, sa petite-fille épousa M. Huot, conseiller à la cour impériale de Metz.

de Manheulle (François-Joseph et Nicolas-François), écuyers. *Vd.*

de Manse de Bellegarde (Louis-Angélique), ancien officier d'infanterie. *Cl.*, p. 11 et 12.

Marcha de Saint-Pierre-Ville (François-René), chevalier, capitaine d'artillerie, chv. de St-Louis. *T.* Serait-ce un parent de l'historien du Béarn ?

Marchal (Jean-Pierre), ancien substitut du procureur-général et substitut honoraire au parlement de Metz, conseiller échevin, membre des Trois Ordres. Jean-Pierre Marchal, son fils, chef de bataillon, chv. de la Légion-d'Honneur, fut tué à Friedland. — René-François, Marchal de Grignan, son autre fils, commissaire des guerres sous Louis XVI, mourut à Corny chv. de St-Louis. — Aimé-François Marchal de Corny, décédé à Metz en 1861, a laissé les souvenirs les plus honorables. Il est représenté par M. Olivier de Corny.

la Baronne de Marches, dame de Villers-Cloye, Bazeilles. *C.* Les Barons de Marches de Guirsch sont de la même famille, alliée à Metz à M. Hippolyte Mennessier.

de Maret (Jean-Augustin-Dieudonné), chevalier, sgr. de Baalon, Brouaine, Bronelle, ancien mousquetaire du Roi. *Cl.*

de Marien (Jean-Joseph), écuyer, sgr. de Betting-haut, ancien officier au régiment de Nassau, infanterie. *V.* Il est dit à tort Marion.

de Martimprey de Villefond (Jean-Joseph-Félix), chv. de St-Louis, fils du chevalier de Romécourt. *V.* p. 19. Le Comte de Martimprey de Romécourt habite Nancy.

Martin de Julvécourt (Jean-Baptiste-Charles), écuyer, avocat au parlement, mineur et sous la tutelle de Charles Durand d'Aunoux. *Cl.* Frère ainé de Daniel-Paul, il devint président à la cour royale de Metz, et mourut en 1828, laissant deux fils établis à Paris.

Martin de Julvécourt (Daniel-Paul-Benjamin), écuyer, mineur, officier au régiment Royal-Roussillon. *Cl.*

Martinière, v. Maillard, p. 56 et 18.

Masson, sgr. en partie de Delut, et Jean-Baptiste Mahon, (sans doute Masson) de Florimond, aussi sgr. de Delut, (écrit Delun). *Vd.* Delut, dans la Meuse, appartient à la famille de la Chapelle.

Mathieu , sgr. du Vicomté de Dombasle. *Nancy. Rozières.* Joseph-Alexandre Mathieu de Dombasle, son fils, né à Nancy en 1777 et mort en 1843, a ilustré, par l'agriculture, l'ancien nom de Dombasle qu'il a donné à la terre créée par lui dans le bois défriché de Port-sur-Seille. Dombasle est devenu la propriété du feu Comte de la Tournelle.

Mathieu, sgr. de Han-sur-Seille, grand maître des eaux et forêts de Lorraine. *V.*

Maucler, v. Varoquier.

Saint-Maurice, v. Milles, Rouyn.

de Meckenhem (les enfants de feu Jean), sgr. de la Malmaison. *Sd.* S'écrit aussi Mecquenem. M. de Mecquenem est conservateur des eaux et forêts à Metz.

de Menouville, v. Thiébault.

du Mesnil (Charles-Joseph). *Th.*, v. Duménil.

le Comte de Migon (Laurent), chevalier, sgr. de Ménil-la-Tour, lieutenant-colonel du régiment des dragons d'Artois, chv. de St-Louis et de St-Hubert du Barrois. *T.* Migot, *Ann. milit.*

Milles (Marguerite), veuve de Jean-Charles Ardouin de St-Maurice, lieutenant de Roi à Briançon, dame de Germonville. *Cl.*

Millet de la Mambre (Jean-François), conseiller du Roi, lieutenant-général au bailliage de Mohon. *Mh.*

de la Mock (Marie-Thérèse-Ernestine), veuve d'Antoine-François de la Chevardière, chevalier, sgr. haut-justicier, moyen et bas, de Cons la Grand-Ville. *Sd.* Famille du Luxembourg.

de Monchamp, dame de Marchéville. *Vd.*

5

Mondeville, v. Bourcier.

Montagnac, v. Caza-major.

le Chevalier de Montendre (Alexandre). *Vd.*

Montigny, v. Duhoux.

Mora, v. Brossard.

le Marquis de Moriolles (Alexandre-Nicolas-Charles-Marie-Léonard), chevalier, sgr. de Beauclair, Estrépigny, major au régiment de Penthièvre, dragons. *Cl. Mh.* Député suppléant aux États-Généraux.

de la Motte (Jean-Baptiste-André), v. l'Hoste, *Th.*

Motte d'Alterweiler (Pierre-François), sgr. d'Alterweiler, trésorier de France à Metz. *S.*

Moyen de l'Escamoussier (Antoine-Jean-Marie), écuyer, ancien officier aux Chasseurs des Alpes. *Cl.*

de Nettancourt (Charles-Jean), Marquis de Vaubecourt, Baron d'Ornes, sgr. de la *vouerie* d'Haudiomont. *Vd.* La maison de Nettancourt, d'ancienne chevalerie Lorraine, est représentée par le Marquis de Nettancourt Vaubecourt, par son fils, le Comte Armand de Nettancourt, et par le Comte de Nettancourt de Tillombois.

Neuflize, v. Poupart.

de Nonancourt, v. Bonnay (Ferdinand et Jacques-Louis de). *Cl.*

la Baronne Olivier de Forcel (Thérèse), veuve de M. de Mahuet, dame de Belleville, près Dieulouard. *Vd.*

le Duc d'Orléans (Mgr.). *C.*

Ornes, v. Nettancourt. Ancienne pairie de Verdun.

Oryot (Jean), Comte d'Aspremont, sgr. de Tillombois. *Vd.* Charles Oryot d'Aspremont, sgr. de Tillombois et Courouvre. *Bar.* Une branche de l'ancienne maison d'Aspremont s'est éteinte dans les Oryot qui en ont relevé le nom et les armes. Le dernier Comte Oryot d'Aspremont épousa la sœur du Comte Léon d'Ourches de la Grange-aux-Ormes. Sa fille est la Comtesse de Nettancourt de Tillombois.

le Comte d'Ourches, sgr. de Réméréville. *V.* Didier, Comte d'Ourches, Chevalier, Marquis de Tantonville, premier chambellan de Monsieur frère du Roi, chv. de St-Louis, de St-Lazare, et de N.-D.-du-Mont-Carmel, bailli d'épée, président de la noblesse du bailliage de Vézelise. — Maison de l'ancienne chevalerie de Lorraine.

Page ou Le Paige (Antoine-Nicolas), écuyer, ancien officier de S. M. I. *T.*

Passerat de la Chapelle de Bellegarde, maréchal des camps et armées du Roi, directeur de l'artillerie à Metz, v. p. 11, 12, 25.

de Paviot (François-Henri), chevalier, sgr. de Cunel, capitaine au régiment de Neustrie, chv. des ordres de N.-D.-du-Mont-Carmel et de Saint-Lazare. — Henri, chevalier, sgr. de Cunel, Bréhéville et Nantillois, sgr. de Thone-la-Long. *Cl.*

de la Pêche (Pierre), écuyer. *Vd.*

le Vicomte de Pelleporc, v. Fitte ou Fite. *Cl.*

de Perrin, Vicomte de Brassac (François), sgr. de Montpigny, capitaine au régiment d'Auxerrois, infanterie. *C.*

Pertuy, v. Garnier. On trouve aussi Perthuis.

Petit (Nicolas), sgr. de Moranville et de la *Vouerie* d'Haudiomont, avec M. de Nettancourt. *Vd. Etain.*

du Pillard de Requin. *S.*, p. 21.

Pilotte de la Barollière (Jacques-Marguerite), chevalier, lieutenant-colonel des chasseurs de Lorraine, chv. de St-Louis. *T.*

Pointe, v. Gévigny, p. 52, 16.

Poiron (Félix-Sébastien), écuyer. *T.*

Poirot de Valcourt (Christophe-Joseph-François). *Th.*

Potot (Jean-Nicolas-Eustache), écuyer, sgr. de Puisot et de Stock, conseiller-correcteur honoraire au parlement de Metz. *V.* Il reçut des lettres d'honneur le 26 février 1750. Nicolas-Marie-Dieudonné Potot, son frère, chef de bataillon dans la 16e brigade, blessé à Manheim en 1799, prit sa retraite et entra dans les ordres. En 1818, il fût nommé chanoine de la cathédrale de Metz, se fit jésuite en 1833, et mourut le 2 mai 1837. Les couronnes et les fleurs qui couvrent son mausolée au cimetière de l'Est, attestent combien sa mémoire est honorée.

le Baron de Pouilly (Nicolas-Albert), sgr. de Ginvry et Cunel. p. 20.

de Pouilly (Jeanne-Françoise), dame du Grand-Clerry et de Ginvry. *Cl.* p. 20.

Pouilly, v. Hézecques.

Poupart de Neuflize (Jean-Abraham-André). *Sd.*

Prade, v. Cabanes, p. 45, 12.

de Préfontaine, v. Bigault (Jean-Baptiste-Louis de), chevalier, sgr. de Préfontaine, Cheppy. Grand-maître des eaux et forêts. — Claude et Jean-Baptiste-Louis, chv. de St-Louis, intendant du Clermontois.

Preische, v. Lasalle et Salle.

de Prémont (Sigisbert Arnoult), sgr. de la Baronnie de Cirey et autres lieux, ancien officier de Dragons. *V.* Il est dit Aspremont, par erreur, p. 10.

des Prez de Barchon (Nicolas-François), sgr. de Gruelle. *Sd.* Une très ancienne famille de ce nom est originaire de Liége où elle était fort puissante.

de Prudhomme (François), chevalier, sieur de Malberg, ancien capitaine d'artillerie, chv. de St-Louis. *Cl.*

de Puygreffier (Henri), ancien capitaine des grenadiers royaux, chv. de St-Louis. *Vd.*

de Puygreffier (Jean-Sébastien-Pierre), écuyer, sgr. du ban des Eparges. *Vd.*

de Puygreffier (Jean-Théodore-Pierre), sgr. de Champlon. *Vd.*

Quesnel (Nicolas-Charles), écuyer, receveur des finances à Vic. *V.*

le Comte de Raguet de Brancion (Charles-Antoine), chevalier de Lignan et Marmorat, en Charolais, sgr. de Royaumeix, maréchal des camps et armées du Roi. *T.*, p. **11.**

Remlinger, v. l'Hoste.

le Comte de Rennel (Nicolas-Balthasard-François-de-Paule), seigneur de Rouvigny, officier au régiment Dauphin, dragons. *V.* Député aux États-Généraux, p. **21.**

le Baron de Reumont (Christophe-Gabriel), chevalier, sgr. de Flassigny, la grande et la petite, Villers-Cloye. *C. Vd.*

le Baron de Reumont (Henri), chevalier, sgr. de Frénoy, Blagny, lieutenant de Roi, commandant à Montmédy, chv. de St-Louis. *C.*

le Baron de Reumont (Jean-Baptiste), comte du Saint-Empire, chevalier, sgr. en partie de Charancy. *Vd.*

Richard de Beaumefort (Mathieu), écuyer, garde-du-corps. *T.*

le Duc de Richelieu, sgr. de Richecourt-le-Château. *V.*

des Robert. *S. N.* des Robert était lieutenant-colonel sous brigadier au corps royal du génie, directeur à Thionville, Sierck et Rodemack, chv. de St-Louis, en 1789. *Ann. Milit.* Cette famille, à laquelle appartenaient MM. Aimé des Robert, chef de bataillon du génie, chevalier de la Légion-d'Honneur, et Raymond des Robert, conseiller à la Cour Impériale de Metz, est représentée par M. Adolphe des Robert, ancien officier d'infanterie.

Robin Cliquet (Claude-Auguste), écuyer, sgr. de Flamainville et Montigny-aux-Bois. *Mh.*

Roton (Joseph-François), écuyer, conseiller au bailliage de Verdun. *Vd.*

de la Roule (Mlles), dames de Sivry. *Vd.*

Rousseau de Gironne (Charles-Antoine). *Sd.*

de Roussel d'Archemont (Charles-François). *Th.*

de Rouville (Jacques-Joseph). *S.*

le Roy de Chavigny (Charles-Louis), comte de Montluc, chevalier, sgr. de la Cour et mairie de Riche et du fief d'Haboudange, capitaine au régiment du Roi. *V.*

Rouyer (Augustin), lieutenant-général au bailliage de Clermont. *Cl.*

Rouyer (Jean-Dominique), ancien capitaine au régiment de Champagne infanterie. *Vd.*

Rouyer (Théodore), conseiller du Roi, lieutenant particulier au bailliage de Verdun. *Vd.*

de Rouyn de Saint-Maurice (Alexis). Derouin. *Vd. Etain.*

de Rouyn (Jean-Baptiste), sgr. de Saint-Maurice, chv. de St-Louis. Drouin, Derouyn. *Vd. Etain.*

Royer (François-Hyacinthe), écuyer, sgr. de Bouvron, de la *Centaine* et *Vouerie* dudit lieu, propriétaire du *fief du poids* de la ville de Toul. *T.*

le Comte de Rozière, sieur de Marcheville. *Vd.* Sans doute des Comtes de Rosières d'Euvezin.

Sabardin (Jacques-Pierre), Baron de Watronville, chv. de St-Louis, lieutenant des Maréchaux de France à Verdun. *Vd.*

de Salcourt, v. Brossard (Louis de), écuyer. *Cl.*

de la Salle ou Lasalle (François), sgr. de Vaudrevange, de Ville-au-Val et Villers-le-Prudhomme. *Vd.* Avocat au parlement, conseiller secrétaire du Roi en la chancellerie, il mourut en 1801. Il était frère de Pierre-Nicolas de Lasalle d'Augny dont le fils, Charles-Louis Comte de Lasalle, général de hussards, fut tué à Wagram. Laurent-Marie de Lasalle, d'Ancerville, fut président à Mortier au parlement de Metz, et sa sœur, Charlotte-Eugénie de Lasalle, femme d'un esprit fort supérieur, épousa le Baron Jean-Baptiste Gilles du Coëlosquet. Cette ancienne famille, originaire de Castelnaudary, s'est fixée à Sarrelouis au XVIIe siècle. Une autre branche porte les surnoms de Berviller ou Berweiler, Merten et Illingen, p. 18. *La Biographie du Parlement de Metz* écrit : Lasalle, les *Almanachs* et les *Annuaires* écrivent : la Salle.

de La Salle de Preische (Antoine), commissaire ordonnateur des guerres, à Longwy. *Th.* Il est dit Antoine de Preische, p. 55.

Sauvoy, v. Gruthus.

Signemont, v. Bigault (Louis de), chevalier, sgr. de Bellecour, lieutenant-colonel des Grenadiers Royaux de Lorraine, chv. de St-Louis, et Nicolas, écuyers.

le Chevalier de Saint-Simon (Pierre-François), lieutenant de Roi de la ville de Sedan. v. Gigon.

de Sivry (Esprit-Claude-Pierre). *Vd.*

de Spinette (François-Dominique), écuyer, ancien capitaine au régiment d'Alsace, chv. de St-Louis. *C.*

de Spinette (Jean-François-Dominique), lieutenant au régiment de Dauphiné, infanterie. *C.*

Staud de Limbourg (Jean Paul et Henri). *Th.* La *Biographie du Parlement* dit Standt.

de Taffin (Gérard-François), chevalier, sgr. de Lianne et Longprez, lieutenant de roi à Toul, chv. de St-Louis. *T.* Le chevalier Taffin.

Tanchère, v. Augeron.

de Tarragon (Henri-Joseph), chevalier, sgr. de Mainviller en Beauce, ancien capitaine au régiment Royal-Comtois. *L.*

Thiébault de Menouville (François-Louis), sgr, de Denœuvre, maréchal des camps et armées du roi, chv. de St-Louis et de la *Société de Cincinnatus. Vd.* Lunéville. Député aux Etats généraux et décédé en 1816. On dit aussi Thibault de Menonville. Jean-Louis Thibault de Menonville était seigneur de Landonvillers.

Thieriet de Nédoncel (Alexandre-Claude), écuyer, ancien capitaine au régiment de Monsieur. *V.*

de Thomassin Duchomois, sgr. de Grémecey. *V.* On trouve au parlement de Metz, les Thomassin, sgr. de Chazel, du Charmois, de Bénaménil et Bures en partie, différents des Thomassin de Montbel, originaires de Franche-Comté.

Thuillier de la Chapelle (Louis-Jacques), chevalier, capitaine de cavalerie, chv. de St-Louis, *Mz.*

de Tourville (Charles-Bertin-Gaston), fils. *Th.*

de Trotter (Henri-Victor), chevalier, ancien capitaine de carabiniers, chv. de St-Louis. *Cl.*

Trois-Fontaines, v. Brossard.

la Tude, v. Vissec.

Valcourt, v. Poirot.

de Valeing (Louis), chevalier, sgr. de Luzy. *Cl.*

le Baron de Vallée (Henri-Dieudonné), chevalier, ancien lieutenant-colonel, chv. de St-Louis. *V.*

de Valmont, sgr. de Mussy-l'Evêque. *V.*

de Valory (Louis-Henri-Daniel), chevalier, capitaine au régiment de Hainaut, infanterie, p. 23. *T.*

de Valory, v. Heyme.

Varoquier (Jeanne), veuve de Jean-Louis-Casimir Maucler, conseiller secrétaire du Roi. *Cl.*

le Vasseur, sgr. de Vaucourt et Martincourt. *V.*

Vassinhac, v. Chauvelin, Custine. Très ancienne maison. Le Comte de Vassinhac d'Imécourt, ancien pair de France, habite le château de Loupy, près Jametz et Montmédy.

le Marquis de Vaubecourt, v. Nettancourt.

de Vaudechamps (Jacques-Louis), écuyer. *Vd.*

de Vaulx-Dachy (Evrard), sgr. de Baret, ancien officier au régiment de Hainaut, infanterie. *V.*, p. 23.

de Vermonchamps, v. Dorlodot (Henri), écuyer. *Cl.*

le Chevalier de Villavicencio, (Charles-Joseph). *Vd.*

Villefond, v. Martimprey, Romécourt.

Ville, v. Guillon.

Villers, v. Drouot.

de Saint-Vincent (Antoine-Charles), chevalier, sgr. du *fief de la Cour* de Murvaux, capitaine au régiment|de Périgord, infanterie, chv. de St-Louis. *Cl.*

de Saint-Vincent (Charles), sgr. de Neuville. *Vd.*

de Saint-Vincent (Charles-Antoine), chevalier, sgr. de Tétanne, Vincy, etc. *Mz.*, p. 23.

de Saint-Vincent (Charles-Louis), chevalier, officier au régiment d'Auvergne, infanterie. *Cl.*

de Saint-Vincent (Jacques-François), sgr. *du ban des Ecuyers* et de Saint-Germain à Dombasle. *Vd.*

le Baron de Viomenil, sgr. d'Incling, la Forge, etc. *Sp.* Maison du Houx.

le Comte de Vissec de la Tude (Jean-Baptiste), Baron de Mureau, chv. de St-Louis. *Vd.*, p. 23.

le Vicomte de Vissec de la Tude (Bernard), ancien capitaine d'infanterie chv. de St-Louis. *Sd. C.* p. 23.

le Baron de Wal, vicomte d'Anthinnes et Dohan, sgr. de Poulseur. *C.* p. 23.

de Watronville, sgr. de Pintheville, chevalier, conseiller d'honneur au présidial de Verdun. *Vd.* On trouve François-Joseph de Watronville de Pintheville, chevalier d'honneur au même présidial en 1737. Cette famille est représentée par M. de Watronville de Verdun et par Mme de Vernéville. *(Biographie du Parlement)*.

de Watronville (Louise-Scholastique), douairière de Stanislas-*Catherine* d'Anthouard, écuyer, capitaine d'infanterie, chv. de St-Louis, dame de Vraincourt, Cheppy, etc. *Cl.*

de Watronville (Marguerite-Charlotte), veuve de Joseph de Coste, chv. de St-Louis, dame du fief de *la Jardinelle* et de Landzecourt. *Cl.*

Watronville, v. Sabardin, Baron de Watronville et Chardon. — On trouve encore le Chevalier de Watronville, le jeune. — de Watronville de Briessambeau et le Chevalier de Watronville. *Nancy*. Une maison de ce nom alliée aux Housse, était d'ancienne chevalerie.

Wendel de Hayange, (Benoît). *Th.* Fils de Jean-Martin de Wendel, conseiller en la chancellerie du parlement de Metz, qui acheta les forges de Hayange en 1704 et mourut en 1738. M. de Wendel, député en 1828, avait donné aux établissements de Hayange et de Moyeuvre une extension qui a pris des proportions colossales sous l'habile direction de Mme de Wendel née de Fischer, sa veuve, et de MM. Charles de Wendel, actuellement député, chevalier de la Légion-d'Honneur et de Gargan, mort il y a quelques années.

de Wendel de Long-la-Ville (Jean-François), sgr. de Long-la-Ville, Frénois-la-Montagne, Tellancourt, etc., ancien capitaine de cavalerie, chv. de St-Louis. *L. Longuyon, Villers-la-Montagne.* Il était frère de Benoît de Wendel.

le Comte de Wignacourt. *Vd.* Ancienne maison d'Artois.

de Wignacourt (Norbert-Conrad), chv. de St-Louis. *Cl. Verdun.*

Willot de Ville (Elisabeth-Barbe), veuve de Nicolas-François Willaume. *Vd.*

le Comte de Wiltz de Custine et de Brandeville. *Vd.* v. Custine.

Wiltz, v. Custine.

la Baronne de Wopersnow de Laval (Marie-Antoinette-Julienne), dame de Laval, Bazeilles, Villers-Cloye, Velonne et Villers-le-Rond. *C. V.* Ancienne maison du Luxembourg.

Zweyer, v. Essenbach, ou Issenbach.

ADDITIONS

LISTE DES MEMBRES DE L'ORDRE DE LA NOBLESSE DES BAILLIAGES

DE BRIEY, LONGUYON ET VILLERS-LA-MONTAGNE (1)

ADAM DE FROMEREVILLE (Joseph-François-Xavier), écuyer, lieutenant-général au bailliage royal de Briey, garde des sceaux du tabellionnage. *B.*

ADAM (Madame), à cause de ses fiefs de Briey et Ste-Marie. *B.*

ARGENTEAU, v. Mercy-Argenteau.

d'ARNAULD, sgr. de fief à Errouville. *Vm.* p. 42.

le Comte d'ARROS (Charles), chevalier, sgr. de Moineville et Dincourt. *B.* Bisaïeul de MM. Olivier et Raymond Hallez-d'Arros, p. 10.

de BARAT DE BONCOURT (Philippe-Joseph), chevalier, ancien capitaine au régiment de la marine. *B.* p. 10. De l'ancienne chevalerie de Lorraine.

le Marquis de BASSOMPIERRE (Jean-Anaclet), Baron de St-Menge, maréchal des camps et armées du roi, chv. de St-Louis. *B.* Maison éteinte, de l'ancienne chevalerie de Lorraine.

de BATILLY, sgr. de Batilly. *B.*

de SAINT-BAUSSANT (Marie-Anne), dame d'Immonville en partie, veuve du sieur de Perriere. *B.*

le Marquis du BLAISEL (Albert-Camille-Joseph-Auguste), à cause de Anne-Elysabeth Baronne de Tornaco, dame de Montigny, sa femme. *Ln.*

---

(1) Ces trois bailliages faisaient partie du Barrois et sont portés aux *Catalogues* de Bar et d'Alsace, v. p. 42, noté. Ils ont été compris dans le département de la Moselle. Ils sont indiqués à la suite de chaque nom par les lettres :

		Alsace	page
B.	Bailliage de Briey.		
Ln.	— de Longuyon	Bar, livraison 1re	18.
Vm.	— de Villers-la-Montagne	» »	26.

V. *Revue d'Austrasie*, 1863, p. 568.

le Marquis du BLAISEL (Antoine-Joseph-Auguste-Louis), Comte du Saint-Empire, sgr. de la Caue et Descouverts, maréchal des camps et armées du roi, bailli d'épée au bailliage de Villers-la-Montagne.

BOLLEMONT et BOLMONT, v. Chonet.

la Baronne de BOMBELLES, dame de Villers-la-Chèvre et Ugny, douairière de Gabriel de la Morre, chevalier, sgr. de Longville, Ugny, Errouville, premier président en la chambre des comptes du duché de Bar. *Vm.*

de BOURCIER, sgr. de Ste-Marie. *B.* Famille ancienne et distinguée par ses emplois en Lorraine.

de BOUSMARD (Charles-Henri-Ignace), sgr. d'Anderny, président à mortier au parlement. *B.* Cette famille, qui compte un évêque de Verdun, existe encore à Nancy.

le Chevalier de CAPPY (Jean-Baptiste-Marie-Joseph), sgr. de Montois, lieutenant-colonel des Chasseurs bretons, chv. de St-Louis. *B.*

le Comte de CHAMISSO (François-Ulrich), chevalier, maréchal des camps et armées du roi, chv. de St-Louis, bailli d'épée au bailliage de Briey. p. 46.

le Comte de CHAMISSO (Marie-Louis-Eugène-Ulrich), chevalier, sgr. de Sancy. *B.* p. 46.

de CHEPPE (Charles), écuyer, conseiller au parlement, sgr. de Saulny.

CHONET DE BOLLEMONT (Charles), écuyer, sgr. à Mercy-le-Bas, capitaine d'artillerie au régiment de Metz. *Ln. Vm.* Cette famille, encore nombreuse, est représentée à Metz par M. Charles de Bollemont.

CHONET DE BOLLEMONT (François-Charles-Robert), écuyer, sgr. de Bellefontaine. *Ln. Vm.*

de COLLETTE (Béatrix), douairière de François du Mont, écuyer, dame du fief d'Otte. *Ln.*

CONS-LA-GRANVILLE, v. Lambertye.

la Baronne de CORNAY, douairière. *Ln.* v. Pouilly.

CRÈVECŒUR, v. Duhoux.

CRISGNÉE, v. Mercy-Argenteau.

de SAINTE-CROIX, sgr. de fief à Crusne. *Vm.*

de CULNY (Pierre). *Ln.*

de CUREL (Nicolas-François), sgr. à Sancy. *B.* p. 13 et 48. Le Baron de CUREL, ancien officier d'état-major, chevalier de la Légion-d'Honneur et de Saint-Ferdinand d'Espagne, est mort le 11 juillet 1863. Il laisse plusieurs enfants, et un frère aîné, le Vicomte de CUREL.

le Comte de Custine d'Auflance ((Joseph-Nicolas-Edouard), chevalier, sgr. de Mandres et du Ban-de-Cosne. *Ln.* p. 13 et 48.

de Saint-Delys (Charles-Nicolas-Antoine-Joseph), chevalier, sgr. de Thillot, officier au service de France. *Vm.*

de Saint-Delys (Jean-Henri-Antoine-Joseph), chevalier, sgr. de Thillot.

Demiscault (Léopold-Sébastien), écuyer, sgr. en partie de Bettainvillers et d'Immonville. *B.* v. de Miscaud.

Devaux (Jeanne-Gabrielle), née de Saint-Delys. *Vm.*

Dosquet (Antoine-Dominique-Jacques-Joseph), marchand, banquier, lieutenant-colonel de la milice bourgeoise en 1765, conseiller, notaire, secrétaire du roi en la chancellerie du parlement, sgr. de Tichémont, *B.* p. 14. Cette famille existe encore.

Drouin ou Drouet (J. Georges), sgr. de Moulinel. *B.* p. 61. v. de Rouyn.

Duchemin (Marie-Jeanne), douairière d'Adrien de Courtin, dame de Villette. *Ln.*

Dufrenoy, v. le Thueur de Fresnoy.

Duhoux de Crévecœur (François-Johël), écuyer, sgr. de Mercy-le-Bas, capitaine au régiment de Hainaut, infanterie. *Vm.* p. 49.

Dulisse, sgr de Bellefontaine. *Ln.*

le Baron Duquesnoy (Mathieu-Barthélémy), ancien colonel au service de S. M. I. *B.*

Durand (Charles), sgr. d'Aunoux, conseiller au parlement. *B.* p. 14.

Duvignot, propriétaire de fief à Rémelange. *B.* v. du Vignau.

d'Egremont (Claude-Guillaume-Bernard), chevalier, sgr. de Petit-Failly. *Ln.* Représenté par M. Gustave d'Egremont, fils et neveu de MM. d'Egremont, de Marville, officiers supérieurs, chevaliers de Saint-Louis.

d'Esbergt ou d'Esberre, à cause de son fief à Boudressy. *Vm.* v. la Motte.

des Essarts, sgr. de Moncel. *B.* p. 50.

le Baron de Failly, sgr. de Petit-Failly et Saint-Pancré. *Ln. Vm.* p. 50.

le Fauletreux, sgr. du Petit-Xivry. Faultrier ? p. 15 et errata.

de Fillay, sgr. de Viviers, v. Lamotte. *Ln.*

Fontaines, v. Louvain.

de Fresnoy, sgr. à Ste-Marie. *B.* v. le Thueur.

de Fromereville, v. Adam.

Genevaux, v. Lamotte.

de Genin (Hyacinthe), écuyer, chv. de St-Louis. *Vm.*

le Marquis de GERBÉVILLERS, sgr. d'Audun-le-Tiche, Villercezot, etc. *Vm.*

GERVAISE DE SERVIEZ (Emmanuel), chevalier, sgr. de Serviez, Compredon, capitaine au régiment Royal-Roussillon, infanterie. *Vm.*

de GORCEY (Jean-Louis), sgr. de Villette. *Ln.* Maison de l'ancienne chevalerie de Lorraine, originaire de Gorcey ou Gorcy, près Longwy. Elle est aussi représentée en France, en Autriche et en Belgique par les Comtes de Gourcy.

GORCY, v. Maillard de la Martinière.

Je Comte de GOURCY (André-Mathieu), sgr. à Mainville. *B.*

le Comte de GOURCY (Joseph), sgr. de Mairy. *B.*

Je Comte de GOURCY DE SERAINCHAMPS, sgr. de Brabant. *B.*

le Chevalier de GOURCY (Ignace-Jean), sgr de Droitaumont. *B.*

GOURNAY, v. Raigecourt et p. 16.

GOUSSAUD (Gabriel-Joseph), possédant fief à Sainte-Marie. *B.* p. 16.

le GOUX DE NEUVRY (Louis-François-Michel), sgr. de Neuvry, Hadonville, Jonville, la Ville-au-Pré, conseiller au parlement de Metz et de la Cour royale de Nancy. *B.*

de GRAMMONT, sgr. de Moyeuvre. *B.* v. p. 52 et 47.

de GRANDVOIX DE WATRONVILLE, dame en partie de Ville-sur-Iron. *B.*

de GUERCHEN, sgr. de fief à Errouville. *Vm.*

le Baron de HAGEN ou de la Haye (Nicolas-François), chevalier. *Vm.*

la Comtesse du HAN DE MARTIGNY (Marie-Julienne-Antoinette-Edouard), dame de Montigny. *Ln.* Elle est représentée par M. Justin Soleirol.

du HAN DE MARTIGNY (Agathe-Charlotte), douairière de Henri-Joseph Baron de Marches de Guirsch, dame de Flabeuville et Chappy, et de Mussot pour son fils mineur. *B. Vm.* p. 56.

la Comtesse d'HARNONCOURT, dame de Sorbey. *Ln.* la Fontaine.

de la HAUSSE (Charles-François), chevalier, sgr. de Sancy. *B.*

de HAUT (Louis-Joseph), chevalier, sgr. de Malavillers. *B.*

le Comte d'HUNOLSTEIN (Philippe-Charles), chevalier, Baron de Fontoy, sgr. du Comté d'Ottange, Hombourg, etc., chambellan du roi de Pologne. *Vm.* p. 17 et 54.

le Comte d'HUNOLSTEIN (Philippe-Antoine), maréchal des camps et armées du roi. *Vm.* p. 17 et 54. Fils du précédent, il était frère de Jean-François-Léonor Baron d'Hunolstein, qui devint lieutenant-général, commandeur de St-Louis.

le Comte de SAINT-IGNON, à cause de son fief à Mercy-le-Bas. *Vm.* v. p. 17, 54 et errata.

la Baronne de SAINT-IGNON, v. Palland.

le Comte de Juvigny (Charles), chevalier, sgr. de Sancy en partie. *B*. v. Gévigny, p. 16 et 52.

le Marquis de Lambertye de Cons-la-Granville (feu François-Antoine), v. Louvain des Fontaines, et p. 18, 55.

la Motte de Genevaux, douairière de M. de Fillay et gardienne noble de son fils sgr. du Ban de Viviers. *Ln.*

de la Lance (Paul-Joseph), chevalier, sgr. de Villers. *B.* — de la Lance, sgr. de Tuquegneux. *B.* p. 55.

de Lannoy (Jean-André), écuyer, sgr. d'Immonville. *B.*

de Louvain des Fontaines (Marie-Françoise), veuve douairière de François-Antoine Marquis de Lambertye et de Cons-la-Granville. *Vm.*

de Macklot (Jean-Joseph), sgr. de Clouange. *B.* p. 55 et 18.

le Baron de Mahuet, sgr. de Bettainvillers. *B.* Cette famille existe encore.

de Maillard de la Martinière, Baron de Gorcy (Jean-Baptiste-Joseph), sgr. de Gorcy, Cosne, Warnimont, général major au service de Prusse, etc. *Ln. Vm.* p. 18 et 56.

de Maillard de la Martinière (Georges-Alexandre-François-Xavier), chevalier, Baron de Brandenbourg, sgr. de Gorcy, Cussigny, lieutenant-général au bailliage de Longwy, député suppléant aux États-Généraux. *Vm.* p. 18 et 56. Représenté par M. de Laittres et les Comtes van der Straten-Ponthoz.

Maillot de la Treille, (Marguerite), dame de Nomelonpont. *Ln.*

Manteville, v. Saint-Vincent.

le Baron de Marches de Guirsch (feu Henri-Joseph). Son fils mineur. v. Han de Martigny et p. 56.

la Baronne de Marches, dame de Mussot, à cause de son fils mineur. *B.*

Martinière, v. Maillard.

de Mazirot (les héritiers de M. Charles-François-Antoine de Barbarat de Mazirot, comte de Neuvron et Muret), sgrs. d'Aix. *B.*

le Comte de Mercy-Argenteau-Crisgnée (Florimond), sgr. de Landres, Xivry-le-Franc. De l'ancienne chevalerie de Lorraine, la maison de Mercy s'est éteinte dans le maréchal de Mercy. Le Comte d'Argenteau en a relevé le nom et les armes. Le Comte de Mercy-Argenteau, actuellement vivant, a été chambellan et ambassadeur de Napoléon Ier.

de Miscaut (Joseph-Léopold), écuyer. *B.* v. Demiscaud.

Mitterback, v. Oberlin.

du Mont (François), v. de Collette.

de la MORRE (Antoine-Alexandre), chevalier, sgr. d'Ugny, Vrainville, président de la chambre des comptes de Bar. *Ln. Vm.*

de la MORRE (feu Gabriel), v. Bombelles.

de la MORRE (Gabrielle-Catherine, Thérèse-Françoise-Joséphine et Gabrielle), dames d'Errouville, Villers et Ugny. *Ln. Vm.*

de la MOTTE D'ESBERRE (Jean-Jacques-Alexandre), chevalier, sgr. de Malavillers. *B.*

NEUVRY, v. Legoux.

d'OBERLIN DE MITTERBACK (George-André), ancien capitaine de cavalerie, chv. de St-Louis. *Vm.*

la Comtesse de PAGET, pour la haute justice de Villers-la-Chèvre. *Vm.*

la Baronne douairière de PALLAND, née Baronne de Saint-Ignon, dame de Wolsfelt, duché de Luxembourg, *seigneuresse* à Mercy-le-Bas. *Vm.*

PERRIÈRE, v. Saint-Baussant.

du PERRON (Jean-Baptiste), sgr. d'Ugny, et d'Errouville, capitaine au régiment des chasseurs des Alpes, chv. de Saint-Louis. *Ln. Vm.* On lit aussi Duperron, *État milit.*

PICHON, v. Sonet.

SAINT-PIERREMONT (les religieux de), sgrs. à Boudressy. *Vm.*

le Marquis de QUERHOENT (Henri-Louis), sgr. de Saint-Pancré, capitaine au régiment d'Auxerrois, infanterie. *Vm.*

le Marquis de RAIGECOURT-GOURNAY, sgr. de Saint-Pierre-Villers, Saint-Supplet, etc. *Ln.* Maison de l'ancienne chevalerie de Lorraine, originaire de la ville de Metz, représentée par le Marquis de Raigecourt-Gournay-Fleurigny.

le Marquis de RAIGECOURT-GOURNAY, sgr. de Moutiers. *B.*

de RAIGECOURT, sgr. de Saulny. *B.*

le Baron de REUMONT (Jean-Baptiste), sgr. d'Urbule, Manteville. *Ln.* p. 60.

la Baronne de REUMONT (Marie-Anne), douairière du baron de Failly, dame du Grand et du Petit-Failly. *Ln.* p. 60.

de RHUNE (Etienne-Louis), écuyer. *B.*

RICHARD DE BATILLY, sgr. d'Immonville. *B.*

le Prince de ROHAN (Camille), sgr. de Brehain-la-Cour. *Vm.*

le Comte de ROSIÈRES (Charles-Henri), sgr. de Valeroy, Moineville, etc. *B.*

la Comtesse de ROSIÈRES D'EUVEZIN, dame d'Ollières. *Ln.*

de ROUYN, sgr. de Rombaz, par M. de Sailly, leur tuteur. *B.* p. 61.

le Baron de SAILLY (Jean-Baptiste-Antoine-Edouard), chevalier, sgr. de Hatrise. *B.* Maison de l'ancienne chevalerie de Lorraine, représentée par M. de Sailly, capitaine d'artillerie de la garde Impériale.

de SAILLY, tuteur de MM. de Rouyn, sgr. de Rombas. *B.*

de la SALLE (François), écuyer, sgr. d'Amnéville. *B.* p. 55 et 61.

SERAINCHAMPS, v. Gourcy.

le Chevalier de SERVIEZ, v. Gervaix.

SONET (Anne-Barbe-Jeanne), dame d'Auxou, vᵉ de Jean-Baptiste Pichon. *B.*

le THUEUR DE FRESNOY (Louis-Christophe), sgr. de Mancieulle. *B.*

le THUEUR DE FRESNOY (J.-B.), porte-étendard des gardes-du-corps de Monsieur, compagnie de Chabrillan. *B.* Dufrénoy, *état milit.*

le THUEUR DE FRESNOY (Nicolas-François), écuyer, capitaine aux chasseurs de Lorraine, chv. de St-Louis. *B.* de Fresnoy, *état milit.*

la Baronne de TORNACO, dame de Montigny, v. Blaisel.

le Comte de la TOUR-EN-WOIVRE (Paul), sgr. de Montois. *B.* p. 22.

de TREILLARD (Charles-François), officier au régiment de la Reine, dragons. *Vm.*

de TREILLARD (François), sgr. de Custry-en-Barrois, patrice noble de Parme, ancien secrétaire du cabinet, intendant du commerce et de l'agriculture de S. A. R. le Duc de Parme. *Vm.*

VERDUN (monsgr. l'évêque de), haut-justicier de Lieu et Bas-Lieu. *Vm.*

du VIGNAU (Laurent), écuyer. *B.* v. Duvignot.

de SAINT-VINCENT (Marie-Anne), dame d'Epiez et de Manteville, douairière de M. de Manteville. *Ln.* p. 63.

de WAL (Jean-François), écuyer, sgr. de Fermont, Montigny et autres lieux. *Ln.* p. 23 et 63.

de WAL (Philippe), sgr. de Montigny, la Fontaine, Saint-Martin et autres lieux. p. 23 et 63.

WATRONVILLE, v. Grandvoix et p. 63, 64.

ERRATA.

Titre.		Après : *tenues à Metz*, ajoutez : dans les districts et les bailliages.
Pages.	Lignes.	
5.	2.	Après : *Moselle*, ajoutez : moins les bailliages de Briey, Longuyon et Villers-la-Montagne, enclaves dépendantes du Barrois. Leur liste est donnée p. 65.
»	27.	Après *Sarrelouis*, ajoutez : Sarrebourg, Phalsbourg et Sierk.
»	29.	Après *Clermont*, — Marville, Damvillers, Varennes, Dun, Stenay, Jametz.
»	30.	Après *Carignan*, — Mohon, Montmédy, Chateau-Regnault.
6.	2.	Au lieu de : *ont pris part*, lisez : ont été convoqués.
»	17 et 20.	Changez 5° en 6° et 6° en 5°.
»	Note 1. 3.	Après : *Champagne*, ajoutez : 8, Franche Comté. — 9, Lorraine et Bar. — 10, Picardie.
7.	4.	Remplacez la phrase commençant : *Les Archives de l'Empire*, par : La Liste en est donnée, p. 41 à 64, et celle des bailliages de Briey, Longuyon et Villers-la-Montagne, p. 65.
»	Note 1. 11.	Après: *bailliage de Metz*, ajoutez: et 6ᵇⁱˢ, pour les assemblées des autres bailliages. Après : *voir plus loin*, ajoutez : p. 24, 41, 65.
9.	—	Fondez la liste des bailliages de la province, p. 41 à 64, et p. 65 à 71 dans celle-ci, et ligne 5, supprimez : *à Metz*.
10.	11. }	
21.	3. }	*Aspremont*, lisez : Arnoult de Prémont, p. 42, 59.
10.	18. ⎫	
14.	3. ⎬	*du Ballay* ; on trouve Duballay, du Ballay, du Belloi, p. 43, 49.
25.	3. ⎬	
43.	» ⎭	
10.	Note.	Après le paragraphe 6°, ajoutez 6ᵇⁱˢ : Les assemblées des autres bailliages, dont la liste est donnée p. 41 à 64, 65 à 71.
11.	6. ⎰	
20.	18. ⎱	*Pondeillas*, lisez : Espondeilhan, p. 43.
11.	23.	*Puymaigre*, après : *Mestre de camp*, ajoutez : fils de François de Puymaigre, sgr. de Sioudray en Berry, officier au régiment de Normandie, chv. de St-Louis, mort à Thionville en 1747.
11.	36.	*Brancion*, lisez : Raguet de Brancion. p. 45, 60.
12.	4.	*Busselot*, lisez : Buzelet.
»	10.	*la Chapelle*, lisez : Passerat de la Chapelle, p. 59.
13.	24.	*Culture*, lisez : Dumas de Culture, p. 49.
14.	32.	*le chv. de Fabert*, ajoutez : (Affricain-Alexandre).
»	34.	Ajoutez : décédé à Metz, le 4 avril 1812.
»	36.	*de Fabert*, ajoutez : (Abraham-Alexandre-François-Maximilien), chevalier, sgr. de Moulins, ancien officier d'artillerie, chv. de St-Louis, frère aîné du précédent, décédé à Metz, le 27 octobre 1806. — Avant *représentée*, ajoutez : exclusivement.

Pages.	Lignes.

14. 37. Après *Marguerye*, ajoutez : Ve de Henri-Jean-Baptiste, marquis de Marguerye, maréchal de camp, chv. de St-Louis, commandeur de la Légion-d'Honneur et par ses enfants.

15. 2. *Faultrier*, ajoutez : de Corvol. Au lieu de *brigadier d'infanterie*, mettez : maréchal des camps et armées du Roi. Après *bailliage*, ajoutez : retraité avec 14 campagnes, 4 siéges, 4 batailles et 4 expéditions. Il eut sept fils qui servirent tous dans l'artillerie. Simon, Baron de Faultrier était général de brigade en 1806, chv. de St-Louis, officier de la Légion-d'Honneur. François de Faultrier, général de division, commandeur de la Légion-d'Honneur, fut tué à Nordlingen. Jacques de Faultrier, était sous-directeur de l'artillerie à Metz l'an XI.

15. 20. *Foucquet* s'écrit généralement aujourd'hui Fouquet, p. 51.

» 35.
23. 17. } *Vigny*, lisez : Rigny, p. 54.

16. 24. Ajoutez : Jacques Hubert de Gournay-Gallois, laissa une fille mariée à Antoine de Mardigny, officier au régiment d'Alsace.

17. 8. Ajoutez : le Comte d'Hunolstein, président du département de la Moselle, à sa formation en 1790, fut emprisonné pendant trois mois et expulsé du territoire français jusqu'en l'an X.

» 6. *de Haussay* ; ne faut-il pas lire d'Hausen ?

18. 1. *Kégelin*, lisez Klinglin, p. 55.

» 10. *Landremont*, lisez : le Clerc de Landremont, p. 47.

» 14. *Lasalle*, on trouve aussi la Salle, p. 55, 64, 71.

» 22. *Legrand*, lisez le Grand, p. 52.

19. 14. *Martimpré*, lisez Martimprey, p. 57.

20. 18. Au lieu de *Almont*, lisez : Almons, et ajoutez : maréchal des camps et armées du Roi, inspecteur de l'artillerie dans les provinces des Trois Evéchés, Lorraine et Champagne.

21. 16.
22. 35. } *Uberherren*, lisez : Uberherrn.
28. 17.

22. 4. *Moidré*, lisez : Moidrey.

23. 19. *Villedon*, on lit aussi Vilden.

24. Note l. 3. Supprimez : *Il n'en existe pas*, etc., etc., et dites : Elle existe aux archives de l'Empire, B. III, t. 86, p. 509 à 515 et a été publiée récemment dans le *Catalogue des gentilshommes de Lorraine et de Bar*, 1re livraison, p. 29. C'est la même que celle de 1789 qui est donnée p. 24.

» » l. 17. Remplacez : *Leurs listes n'existe pas*....... 25 *août* 1863, par : mais la Noblesse du bailliage de Metz ayant nommé son député directement, malgré les instances de son président, fit défaut

TIERS-ETAT.

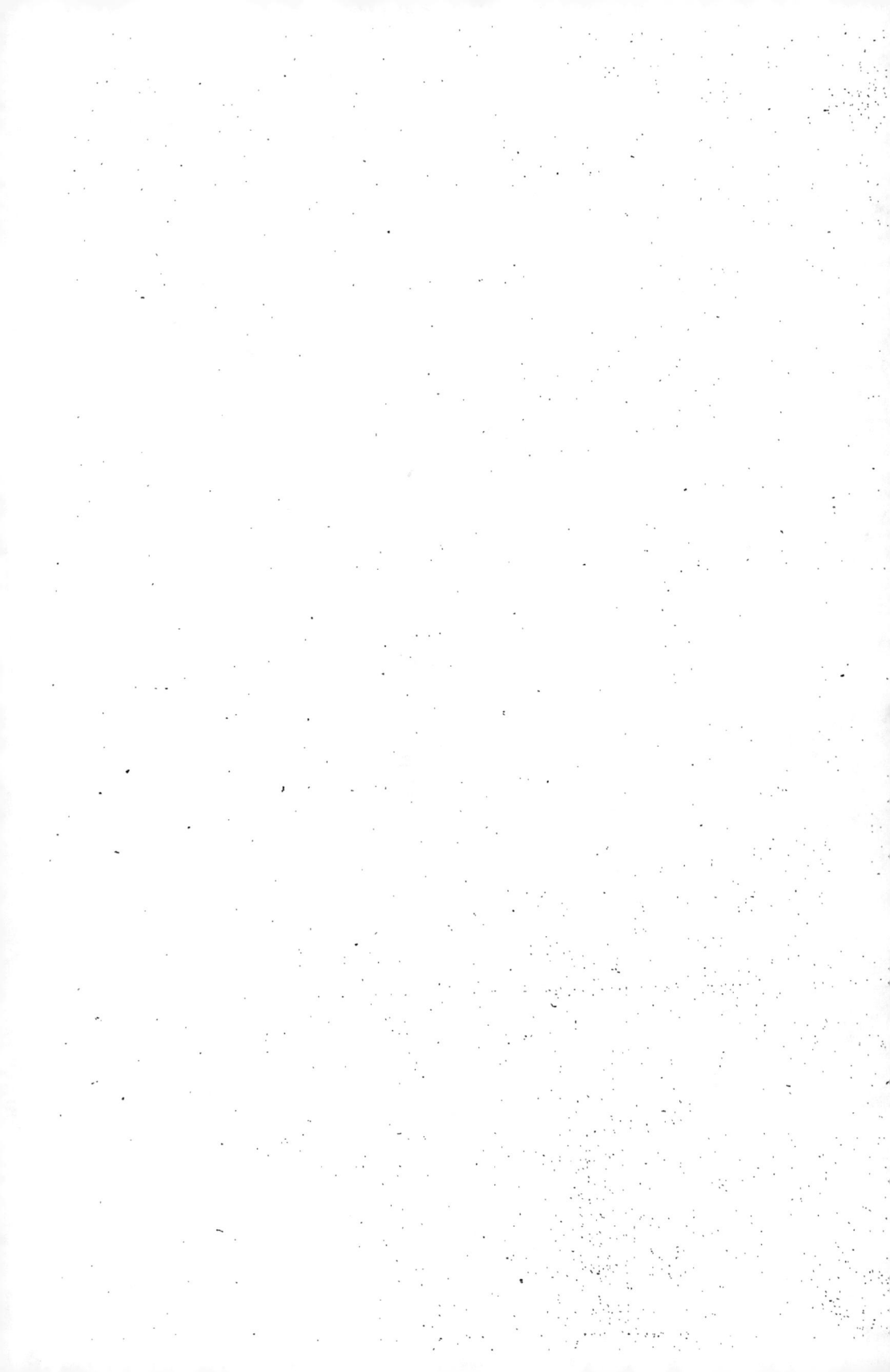

www.ingramcontent.com/pod-product-compliance
Lightning Source LLC
Chambersburg PA
CBHW070910280326
41934CB00008B/1660